PRIVILEGES CONCEDEZ
ET OCTROYEZ TANT A S. FRANCOIS
de Paule Fondateur & Inſtituteur de l'Ordre des
Minimes, qu'aux Conuents & Religieux de ſon
Ordre, par les Roys de France.

*Verifiés & emologués par les Cour de Parlement, Cour des Aydes,
Chambre des Comptes, & autres lieux où beſoin a eſté, auec
les Arreſts donnez en conſequence d'iceux.*

HARLES par la grace de Dieu Roy de France, A nos amez & feaux Archeueſques, Eueſ-
ques, Abbez, Abbeſſes, Prieurs, Prieureſſes,
Doyens, Chanoines, Curez, Chapellains, Vicaires, & autres Recteurs d'Egliſe. A tous nos
Baillifs, Seneſchaux, Preuoſts, Chaſtellains, Maieurs, Eſ-
cheuins & Gouuerneurs de Citez & bonnes villes, & à tous
nos autres Iuſticiers, Officiers, & ſuiets, & à leurs Lieutenans,
Salut & dilection. L'humble ſupplication de noſtre cher &
bien amé Frere François de Paule hermite, tant en ſon nom
que de ſes Freres hermites, nous auons receu, contenant que
feu de bonne memoire le Pape Sixte IV. de ce nom octroya
& conceda auſdits ſupplians pluſieurs priuileges, graces, exé-
ptions & libertez, leſquels noſtre S. Pere le Pape Innocent
qui à preſent eſt, a approuuez & confirmez, & ſur ce leur ont
octroyé leurs Bulles & prouiſions Apoſtoliques, au moyen
deſquelles ils ont intention publier leſdites exemptions, graces & libertez ; & autrement deſdites Bulles eux ayder : mais
ils doutent qu'on les voulſiſt en ce troubler & empeſcher, ſans
auoir ſur ce nos congé, licence, & permiſſion, humblement
requerans iceux. Pourquoy nous voulans obtemperer à la re-

A

queste à nous sur ce faite par ledit Frere François de Paule.
Pour ces causes audit suppliant & à ses Freres hermites presens & à venir, à iceux, & à chacun d'eux auons donné & o-
ctroyé, donnons, & octroyons de grace especiale par ces presentes congé & licence qu'ils puissent & leur loise publier lesdites Bulles, & d'iceux eux ayder, & iouyr des graces & priuileges dedans contenus, selon leur forme & teneur: & neantmoins prions vous Archeuesques, Euesques & autres gens
d'Eglise dessus nommez, que lesdits supplians & leurs successeurs vous receuez & faites benignemét receuoir, & les souffrez & permettez prendre, receuoir, & accepter lieux, Oratoires, & hermitages à eux donnez & deputez presens & à venir pour Dieu seruir, & en ce faisant iouyr & vser du contenu
esdites Bulles de nostre dit S. Pere, selon leur forme & teneur.
Et en outre nous mandons & expressemét enioignons à vous
nos Iusticiers, Officiers & suiets, & chacun de vous endroict
soy, que de nos presentes grace, congé, & licence, vous faites
iceux supplians iouyr & vser pleinement & paisiblement, sans
leur faire, mettre, ou donner, ne souffrez estre faict, mis ou
donné aucun arrest, destourbier, ou empeschement, au contraire lequel si fait ou donné leur auoit esté ou estoit, re-
parez le ou faites reparer & mettre incontinent & sans delay au premier estat & deu. Et afin que lesdits suppliaus puissent mieux, plus seurement, & en plus grand repos seruir de-
uotement à Dieu nostre Createur, Nous iceux supplians leurs
gens, procureur, seuiteurs, & Commis, ensemble leurs
biens & lieux, Oratoires, & hermitages, esquels ils seront ensemble ou particulierement presens & à venir, auons pris &
mis, prenons, & mettons en & soubs nostre protection & sauue-
ue-garde especiale: en faisant par vous nos Officiers inhibi-
tions & defenses de par nous sur certaines & grandes peines à
nous, à appliquer à tous qu'il appartiendra, qu'ils ne mesfa-
cent, ou facent mesfaire ausdits supplians en corps ne en biés,
en aucune maniere: & si aucuns sont trouuez faisans le contraire, & auoir enfraint nostre sauuegarde, nous voulons &
vous mandons que des infracteurs faites telle & si briefue pu-
nition que ce soit exemple à tous autres. Et pour ce que de
ces presentes lesdits supplians pourroient auoir à besongner
en diuers lieux, nous voulons qu'au Vidimus d'icelles faict

soubs seel Royal, foy soit adioustée comme à ce present Original. Car ainsi nous plaist-il estre faict. Donné au Plessis du Parcq le 18. iour d'Auril, l'an de grace 1488. & de nostre regne le cinquiesme. Et au dessous est escrit, Par le Roy. Les sieurs de Grauille Admiral de France, de Grimault, de la Selle Quenault & autres presens: signé Damont.

LOVIS par la grace de Dieu Roy de France, A nos amez & feaux Archeuesques, Euesques, Abbez, Abbesses, Prieurs, Prieuresses, Doyens, Chanoines, Curez, Chapelains, Vicaires & autres Recteurs d'Eglise. A tous nos baillifs, Seneschaux, Preuosts, Chastelains, Majeurs, Escheuins, & Gouuerneurs de Citez & bonnes villes, & à tous nos autres Iusticiers, & Officiers ou leurs Lieutenans, Salut & dilection. Receu auons l'humble supplication de nostre cher & bien amé Frere François de Paule, tant en son nom, que de ses Freres hermites, contenant que feu nostre tres-cher Seigneur & predecesseur le Roy Charles dernier trespassé, dés le 18. iour d'Auril, l'an 1488. leur octroya ses Lettres Patentes y attachees sous le contreseel de nostre Chancellerie, du contenu desquelles ils doutent que pour l'aduenir il n'en puissent eux ayder, ne iouyr au moyen du trespas de nostredit feu Seigneur, sans auoir sur ce nos Lettres, humblement requerans icelles. Pourquoy nous, ces choses considerées, inclinans fauorablement à la supplication & requeste dudit Frere François & de sesdits Freres hermites, à iceux auons octroyé & octroyons de grace especial par ces presentes, qu'ils iouyssent & vsent du contenu esdites Lettres de poinct en poinct selon leur forme & teneur: & lesquelles nous leur auons confirmées & approuuées, confirmons & approuuons par cesdites presentes. Si prions vous Archeuesques, Euesques, Abbez, Abbesses, & Doyens Chanoines d'Eglise, mandons, & commandons, & enioignons à vous nos Baillifs, Seneschaux, Preuosts, Chastellains, Majeurs, Escheuins, & Gouuerneurs de Citez & bonnes villes; & autres nos Iusticiers, Officiers & suiets, que de nosdites presentes graces, confirmations & octroys, & de tout le contenu ausdites Lettres de nostredit feu Seigneur & frere, vous faites & permettez lesdits supplians iouyr & vser pleinement & paisible-

1498.
L'Original de cette Patente est és Archiues du Côuent du Plessis lez Tours.

ment de poinct en poinct selon leur forme & teneur, tout
ainsi que si elles estoient de nous obtenues, sans leur faire
mettre ou donner, ne souffrir estre faict, mis ou donné, ores
ne pour le temps à venir, aucun arrest, destourbier, ne empeschement, lequel si faict, mis ou donné leur est, les leurs mettez
ou faites mettre incontinent & sans delay à pleine deliurance. Et voulons aufsi qu'au Vidimus d'icelles & desdites presentes fait sous seel Royal, foy soit adioustee, comme à ce
present Original. Car ainsi nous plaist il estre faict. Donné
à Estampes le 18. iour d'Aoust, l'an de grace 1498. & de nostre regne le premier. Signé, Par le Roy L'Euesque d'Alby,
& autres presens, Signé Robertet, & seellées de cire iaune.

1502.
L'Original
de cette Pa-
tente est és
Archiues
Du Conuët
du Plessis
lez Tours,

LOVIS par la grace de Dieu Roy de France, A nos a-
mez & feaux Archeuesques, Euesques, Abbez, Abbesses, Prieurs, Prieuresses, Doyens, Chanoines, Curez, Chapelains, Vicaires & autres Recteurs d'Eglise. A tous nos Baillifs, Seneschaux, Preuosts, Chastelains, Maires, Escheuins,
& Gouuerneurs de Citez & bonnes villes, & à tous nos autres Iusticiers, officiers & suiects à leurs Lieutenans, Salut &
dilection. L'humble supplication de nostre cher & bien amé
Frere François de Paule hermite, tant en son nom que de
ses Freres hermites, auons receu, contenant que feu de bonne memoire le Pape Sixte quart de ce nom octroya & conceda ausdits supplians plusieurs priuileges, graces, exemptions & libertez, lesquels nostre S. Pere le Pape Alexandre quint qui à present est, a approuuez & confirmez, & sur ce
leur ont octroyé leurs Bulles & prouisions Apostoliques, au
moyen desquelles ils ont intétion publier lesdites exemptiós,
graces & libertez; & autremét desdites Bulles eux ayder; mais
ils doutent qu'on les voulsist en ce troubler & empescher sans
auoir sur ce nos congé, licence, & permission, humblement
requerans iceux. Pourquoy nous voulans obtemperer à la requeste à nous sur ce faite par ledit Frere François de Paule.
Pour ces causes audit suppliant & à ses Freres hermites presens & à venir, à iceux, & à chacun d'eux auons donné & o-
ctroyé, donnons. & octroyons de grace speciale, par ces presentes congé & licence qn'ils puissent & leur loise publier lesdites Bulles, & d'icelles eux ayder, & iouyr des graces & pri-

uileges dedans côtenues selon leur forme & teneur. Si reque-
rons & neanmoins priôs vous Archeuesques, Euesques & autres gens d'Eglises dessus nommez, que lesd. supplians & leurs
successeurs vous receuez & faites benignemēt receuoir, & les
souffrez & permettez prendre, receuoir, & accepter lieux,
Oratoires, & hermitages à eux donnez & deputez presens & à
uenir pour Dieu seruir, & en ce faisant, iouyr & vser du contenu esdites Bulles de nostredit S. Pere, selon leur forme & teneur. Et en outre nous mandons & expressement enioignôs à
vous nos Officiers, Iusticiers & suiects, & à chacun de vous endroict soy, que de nos presentes grace, congé, & licence, vous
faites iceux supplians iouyr & vser pleinement & paisiblement
sans leur faire, mettre, ou donner, ne souffrir estre faict, mis ou
donné aucun arrest, destourbier, ou empeschement; au contraire lequel si faict ou donné, leur auoit esté ou estoit, re-
parez le ou faites reparer & mettre incontinent & sans delay au premier estat & deu. Et afin que lesdits supplians puissent mieux, plus seurement, & en plus grand repos seruir de-
uotement à Dieu nostre Createur, Nous iceux supplians leurs
gens, & Procureurs, seruiteurs, & Commis, ensemble leurs
biens & lieux, Oratoires, & hermitages esquels ils seront ensemble ou particulierement presens & à venir, auons pris &
mis, prenons, & mettons en & soubs vostre protection & sauuegarde speciale : en faisant par vous nos Officiers inhibi-
tions & defenses de par nous sur certaines & grandes peines à
nous, à appliquer à tous qu'il appartiendra, qu'ils ne mesfa-
cent, ou facent mesfaire ausdits supplians en corps ne en biens
en aucune maniere : & si aucuns sont trouuez faisant le contraire, & auoir enfraint nostre sauuegarde, nous voulons &
vous mandons que des infracteurs faites telle & si briefue pu-
nition que ce soit exemple à tous autres. Et pour ce que de
ces presentes lesdits supplians pourroient auoir à besongner
en diuers lieux, nous voulons qu'au vidimus d'icelles faict
soubs seel Royal, foy soit adioustee comme à ce present Original. Car ainsi nous plaist il estre faict. Donné à Pontleuoy
le 8. iour de Ianuier, l'an de grace 1502. & de nostre regne
le 5. Ainsi signé, Par le Roy. Le sieur Degyé Mareschal de
France, & autres presens I. de Sanzay, & seellé en queuë sim-
ple de cire iaune.

A iij

FRANÇOIS par la grace de Dieu Duc de Bretagne & de Vallois, Comte d'Angoulesme, d'Estampes, de Vertus & de Montfort Lamaulry, A tous nos Lieutenans, Admiral, Viadmiral, Baillifs, Mareschaux, Seneschaux, Maires, Escheuins, Preuosts, Capitaines de gens d'armes, tant de pied que de cheual, Gardes de ponts, ports, peages, passages, Iurisdictions, pontenages, trauerses, & destroits, & à tous les autres Officiers, Iusticiers & suiets de nostredit Duché & pays de Bretagne, Salut. Sçauoir faisons qu'en consideration de la bonne, austere, & vertueuse vie & conuersation que tiennent, & continuellement obseruent les Religieux des Conuents des Freres Minimes de Tours & d'Amboise fondez, & puis-nagueres erigez par le Benoist Frere François de Paule leur Fondateur & Instituteur, confirmez & approuuez par nostre S. Pere le Pape, & son S. Siege Apostolique, ayant à cause de ce, singuliere affection & deuotion à ladite Religion, voulant de tout nostre cœur pouuoir ayder à l'exaltation, entretiennement & augmentation d'icelle, & à ce qu'ils puissent entretenir, & profiter en la bonne vie & exemplaire par eux encommencée, & à ce que soyons participans en leurs bonnes prieres, oraisons, & autres biensfaicts de ladite Religion. Pour ces causes & autres à ce nous mouuans, auons voulu, declaré, & ordonné, voulons, declarons, ordonnons, & nous plaist que lesdits Religieux desdits deux Conuents de Tours, & d'Amboise, leurs gens, seruiteurs, negotiateurs, & conducteurs de leurs viures & prouisions soient doresnauant par tout nostredit Pays & Duché de Bretagne tenus francs, quittes & exempts de payer aucune chose pour raison des peages, trauerses, aydes, subsides & subuentions quelconques pour le passage de leursdits viures & necessitez & prouisions d'eux, & de leursdits Conuents, soit par mer, eauë douce, ou par terre en quelque maniere que ce soit, & qu'ils puissent faire, mener, porter, & conduire leursdits viures & prouisions par tout nostredit Duché franchement, quittement, & sans ce que pour ladite cause aucune chose leur en soit demandée, ne tenus en payer. Si voulons, vous mandons & expressément enioignons par ces presentes, que de nos presens priuilege, faculté, exéption & octroy, vous façiez, souffrez & permettez lesdits Re-

ligieux & Conuents, enfemble leurfdits gens, feruiteurs, en-
tremetteurs, & conducteurs de leurfdits viures & prouifions,
iouyr, & vfer paifiblement , franchement & fans aucun deftourbier , lequel fi fait , mis ou donné auoit efté ou eftoit
pour l'aduenir, faites le tollir & ofter à leur profit , & deliurer
lefdits viures & prouifions , fans pour raifon de ce en prendre
ne exiger aucune recompenfe ou falaire, en contraignant à
ce faire tous ceux que pour ce feront à contraindre par toutes voyes & manieres deues & raifonnables , & tout ainfi que
pour nos propres prouifions & affaires. Car tel eft noftre plaifir. Donné à S. Germain en Laye le 7. iour de Decembre,
l'an de grace 1514. Signé, François , & plus bas , Par Mon-
feigneur le Duc, du Tillet, & feellé de cire rouge.

LOVIS par la grace de Dieu Roy de France. Sçauoir
faifons à tous prefens & à venir. Comme feu noftre coufin le Roy Louis dernier decedé que Dieu abfolue , aduerty
& deuement acertené de la bonne obferuance reguliere , &
eftroite vie de noftre cher & bien amé Frere François de Paule premier Inftituteur & general Correcteur de l'Ordre nou-
uellement inftitué par noftre S. Pere le Pape Alexandre qui
eft à prefent, l'Ordre des Freres Minimes, par la permiffion &
confentement & vouloir de feu de bonne memoire Pape Sixte moderne l'euft fait venir par deça , & à iceluy baillé domi-
cile , enfemble à aucuns fes Religieux prés de Monthils lez
Tours, & depuis le trefpas d'iceluy noftre coufin , feu noftre
tres cher & tres amé coufin le Roy Charles que Dieu abfolue , voyant & connoiffant la continuation en bonne vie defdits Frere François & Religieux, ledit Ordre eftre approuué,
& le bon exemple qu'ils donnoient au peuple , & que plufieurs
perfonnes tant de religion qu'autres fe adheroient & congre-
geoient à luy viuant en grande aufterité de vie , fonda & fit
conftruire, baftir & edifier deux Conuents dudit Ordre ; c'eft
à fçauoir le premier aux Monthils lez Tours, & le fecond à
Amboife, & auec ce par fes Lettres Patentes leur donna permiffion, congé & licéce de faire publier par noftredit Royaume les Bulles, graces, priuileges donnez & octroyez par le
S. Siege Apoftolique audit Ordre & Religion , & entiere-
ment iouyr d'iceux, & de faire Conuents en noftredit Royau-

1500.
L'Original
de cettePa-
tente eft és
Archiues
du Côuent
du Pleffis
lez Tours.

_Verifiée en
1538. auec
celles de
François I.
qui fuiuent._

me & autres nos pays & Seigneuries, en prenant & mettans lefdits Religieux, leurs biens, familiers & feruiteurs dome-ftiques en fa protection, qui pareillement ont connu la vie defdits religieux eftre fainɛte, iufte & de grande edification & vtilité, & bon exemple au peuple Chreftien, mefmement en noftredit Royaume ont edifié, conftruit & erigé certains autres Conuents d'iceluy Ordre, tellement qu'il eft de pre-fent grandement accreu & augmenté, tant en nombre de Re-ligieux, que quantité & multiplication de Conuents par no-ftredit Royaume & ailleurs, efquels Dieu noftre Createur eft fe.uy & honoré, & le feruice diuin quotidiennement iour & nuiɛt faiɛt, celebré & continué. Novs ce confiderans, que fommes fondateur, proteɛteur & garde dudit Ordre, au-quel en enfuiuant nofdits predeceffeurs auons finguliere con-fiance, grand amour, & feruente deuotion, ayant auffi regard à l'aufterité reguliere & bonne vie defdits Frere François & fefdits Religieux. Povr ces caufes, & à ce qu'en plus gran-de paix, repos, deuotion, & tranquillité ils foient enclins, & puiffent mieux vacquer aux chofes fpirituelles & contem-platiues, & prier Dieu pour nous, noftre tres chere & amée compagne la Royne, & pour la profperité, paix & vnion de noftredit Royaume, & autres confiderations à ce nous mou-uans, en enfuiuant auffi l'oɛtroy, permiffion & confentement faiɛts & donnez à iceux Religieux par noftredit feu coufin le Roy Charles, de faire publier, iouyr & vfer defdiɛtes graces, priuileges, libertez, exemptions & franchifes à eux donnez & oɛtroyez par noftredit S. Siege Apoftolique, defquels l'on dit la teneur eftre telle.

INNOCENTIVS Epifcopus feruus feruorum Dei, dileɛtis filiis Fratri Francifco de Paula, cæterifque Fratribus heremitis heremi-torii S. Francifci de Paula Confentinenfis diœcefis, præfentibus & futuris falutem & Apoftolicam benediɛtionem. Paftoris officium no-bis, licet immeritis, diuina difpofitione commiffum, noftram continuè mentem excitat, & inducit, vt ad ea follicitè attendamus, quæ diuini cultus augmentum, & piorum locorum, aut in illis perfonarum fub humili & religiofo habitu piæ vitæ vacantium commodum & vtili-tatem refpiciunt, & ea quæ propterea à Sede Apoftolica proceffiffe cœperimus, vberioris Apoftolici muniminis adminiculo fulcire fata-gimus, vt eò firmiùs illibata perfiftant, quò fæpiùs fuerint eiufdem Se-
dis

dis præsidio communita. Dudū siquidem à felicis recordationis Sixto Papa IV. prædecessore nostro Litteræ emanauerunt tenoris sequentis.

S I X T V S Episcopus seruus seruorum Dei. Ad perpetuam rei memoriam. Dilectis filiis Fratri Francisco de Paula, cæterisque Fratribus Heremitis Heremitorij seu Oratorij S. Fracisci de Paula Cunsentinensis diœcesis, præsentibus & futuris salutem & Apostolicam benedictionem. Sedes Apostolica æqua in omnibus semper distributrix, ea quæ pro diuini cultus augmento, ac piorum locorum & personarum, præsertim sub humili & religioso habitu in eis degentium commodo & vtilitate pie facta sunt, vt illibata persistant libenter, cùm ab ea petitur, Apostolici muniminis consueuit adiicere firmitatem, ac benigno fauore ea quæ sunt pro animarum salute concedere, illisque, vt eò deuotiùs, quò quietiùs altissimo famulari possint, munimen impartiri. Dudum siquidem pro parte tua, Francisce, nobis exposito, quod olim postquam venerabilis Frater noster Pirrhus Archiepiscopus Cunsentinensis tibi vt quoddam Oratorium siue Ecclesiam sub vocabulo S. Francisci in tenimento de Paula diœcesis Cunsentinensis ædificare posses, licentiam concesserat. Tuque Oratorium huiusmodi propriis manibus & expensis cum dormitorio pro tuo & sociorum tuorum vsu, & habitatione pro magna parte ædificaueras, & nonnullos socios vitam heremiticam ducentes receperas. Ipseque Archiepiscopus præfatum Oratorium siue Ecclesiam vna cum omnibus iuribus & pertinentiis suis tibi tuæque Congregationi in perpetuum donauerat, & nonnulla alia tuæ & sociorum tuorum deuotioni & saluti cōuenientia, salutifera & opportuna concesserat, fecerat & ordinauerat. Quodque Oratorium, siue Heremitorium prædictum adhuc pro sufficienti habitatione tui & Heremitarum prædictorum perfectum omnino non erat, illudque piis Christi fidelium eleemosynis cum dormitorio & aliis necessariis officinis tu, ac Heremitæ tui socij huiusmodi cōtinuè ædificabatis, ampliabatis & exornabatis. Nos tunc tuis & Heremitarum prædictorum in ea parte supplicationibus inclinati, venerabili Fratri nostro Episcopo S. Marci eius proprio nomine non expresso, per alias nostras Litteras dedimus in mandatis, vt si ei postquam vocatis, qui forent euocandi, de præmissis sibi legitimè constaret, concessionē, & Litteras dicti Archiepiscopi, ac omnia & singula in ipsis Litteris contenta, pro vt ea concernebant, authoritate Apostolica approbaret & confirmaret, supplerétque omnes & singulos defectus, si qui forsan interuenissent in eisdem, & in euentum approbationis, confirmationis & suppletionis huiusmodi, vobis prædictis

B

Heremitis vt omnibus & singulis priuilegijs, indulgentijs & gratijs, quibus Frater Petrus de Pisis nuncupatus, cæterique Heremitæ potiebantur & gaudebant, vti & gaudere pariformiter, & absque vlla differentia liberè & licitè possetis & valeretis, concessimus, prout in eisdem nostris Litteris desuper confectis plenius continetur. Cùm autem, sicut exhibita nobis nuper pro parte vestra petitio continebat, venerabilis Frater noster Gofredus Episcopus S. Marci prædictus, ad executionem prædictarum nostrarum Litterarum, illarum forma seruata, procedens, quia sibi vocatis vocandis, de à nobis expositis legitimè constiterat, licentiam, donationem, concessionem, ordinationem & Litteras Archiepiscopi prædicti, omniáque & singula in eis contenta, prout ea concernūt, authoritate Apostolica approbauerit & confirmauerit, suppleueritque omnes & singulos defectus, qui interuenerūt in eisdem, prout in quodam publico instrumento desuper confecto dicitur plenius contineri. Quódque Pirrhus Archiepiscopus prædictus inter alia per eum vobis tunc concessa, prædictum Heremitorium seu Ecclesiam S. Francisci, & alia quæcunque loca, Ecclesias & Oratoria per vos in posterum recipienda, cum omnibus iuribus & pertinentiis, Heremitisque & personis inibi pro tempore degentibus, ac rebus omnibus ad vos locáque vestra quomodolibet pertinentibus & spectantibus, ab omni iurisdictione, subiectione, & superioritate matrum Ecclesiarum ac sua suáque Ecclesiæ Cunsentinensis, cæterarúmque personarum in perpetuum exemit & liberauit, ac sub protectione, submissione & iurisdictione Sedis Apostolicæ specialiter & expressè remiserit & relaxauerit. Et sicut eadem petitio subiungebat, à nonnullis asseritur, nostras prælibatas Litteras ac confirmationem, approbationem & defectuum suppletionem, cæteráque omnia alia, & singula per prædictum Goffredum Episcopum S. Marci illarum vigore facta & inde sequuta quæcunque iuribus non subsistere, pro eo quòd Archiepiscopus prædictus per suas prædictas Litteras te Fratrem Franciscum in Superiorem huiusmodi tuæ Congregationis Patrem Rectorem, & Priorem, seu quouis alio nomine nuncupandum dederit & deputauerit, cui Congregationi præsses, ac vitæ exemplis prodesses, tuisque monitis, mandatis & præceptis salubribus omnes Congregationis huiusmodi personæ obedire & parere deberent. Ipsisque tuis Heremitis Fratribus facultatem concessit te in Superiorem & Priorem ac vnatecum aliis quoscunque Superiores & Priores & Officiales canonicè eligendi. Nec non statuta & ordinationes pro huiusmodi vitæ obseruantia, à iure tamen diuino & sanctorum Patrū institutionibus non deuiantia faciendi. Tibique & huiusmodi Offi-

cialibus omnimodam iurisdictionem ordinariam in spiritualibus &
temporalibus Congregationis huiusmodi personarum, etiamsi sacer-
dotali, seu quauis alia præfulgerent dignitate, ac locorum iurisdictio-
nes, animalium & rerum omnium ad te tuámque Congregatio-
nem quomodolibet spectantium & pertinentium. Quoscunque quoque
rebelles & inobedientes, omniúmque huiusmodi Congregationis personarum delinquentium peccata & delicta, & cuiuscunque generis
maleficia & crimina, pro vt iuris foret, puniendi, huiusmodique de-
linquentes, incarcerandi, disciplinandi, condemnandi, liberandi, absoluendi, cæteráque faciendi quæ in præmissis & circa præmissa vobis viderentur fore necessaria & opportuna, & quæ ipsemet Archiepiscopus facere posset. Sacerdotibus verò huiusmodi Congregationis,
seu secularibus vel regularibus per vos eligendis, Missas etiam ante
diem, & in quocunque loco ad hoc congruo & honesto cum altari por-
tatili celebrandi, Eucharistiæ & alia quæcunque Ecclesiastica sacra-
menta liberè & licitè tibi, huiusmodique tuæ Congregationis personis, quoties deuotio ingrueret, & necessitas postularet, absque quacunque Superioris licentia ministrandi, ad quæ suscipienda extra loca huiusmodi compelli non possetis. Confessiones audiendi, & ab omnibus casibus, excommunicationibus, suspensionibus & interdictis
ac super quacunque irregularitate eidem Archiepiscopo, tam à iure
quàm ab eo reseruatis, & præmissis toties quoties opus foret & esset;
absoluendi & dispensandi, votáque quæcunque permutandi & rela-
xandi, ac pœnitentiam salutarem iniungendi. Loca, Oratoria quæcunque & Ecclesias licitè accipiendi & retinendi. Quascunque etiam
personas Ecclesiasticas & seculares ad vos venientes, & vobiscum
moram trahere & habitum quem geritis, profiteri & recipere volentes, ad habitum & professionem obseruantiæ castitatis, paupertatis
& obedientiæ acceptandi & recipiendi. Nec non vt omnibus & singulis priuilegiis, gratiis, immunitatibus, libertatibus, exemptioni-
bus, quibus Fratres S. Francisci, cæterique mendicantes fruuntur
& vtuntur, frui & vti possetis & valeretis, ac possent & valerent,
indulsit, ac vobiscum super his opportunè dispensauit. Huiusmodique
Oratorium siue Ecclesiam S. Francisci de Paula, ac alia quæcunque
loca, Oratoria & Ecclesias vos in posterum acquirenda & acce-
ptanda cum omnibus iuribus & pertinentiis suis, Heremitísque &
personis ac rebus omnibus & singulis ad vos vestráque loca quomodolibet spectantibus & pertinentibus, personísque huiusmodi inibi
pro tempore degentibus ab omni iurisdictione, subiectione, superio-

ritate matrum Ecclesiarum ac sua suæque Ecclesiæ Cunsentinensis,
cæterarumque personarum ex certa sua scientia & motu proprio
in perpetuum exenit & totaliter liberauit, ac sub protectione,
submissione, iurisdictione & superioritate Sedis Apostolicæ prædictæ totaliter, specialiter, singulariter & expressè remisit & rela-
xauit, prout in litteris dicti Archiepiscopi plenius continetur & de
eisdem nihilominus concessionibus, gratiis & indultis vobis sit, vt
præmittitur per prædictum Archiepiscopum concessis, in dictis a-
liis nostris litteris specialiter & singulariter mentio facta non fue-
rat, sed sub clausula generali duntaxat videlicet dicendo, nonnulla
alia vestræ deuotioni & saluti conuenientia, salutifera & opportuna, & similiter sub eadem clausula, & non facta alia expressio-
ne, per dictum Goffredum Episcopum Sancti Marci prædicta omnia & singula probata, & cum suppletione defectuum confirmata
fuerant, prout in nostris ac dicti Archiepiscopi litteris ac instrumento publico desuper confecto plenius continetur. Pro parte vestra nobis fuit humiliter supplicatum, vt omnia & singula præmissa, concessiones, gratias, & indulta vobis per Archiepiscopum
prædictum concessa, facta, & indulta. Nec non approbationem,
confirmationem, defectuumque suppletionem cæteráque omnia &
singula per prædictum Goffredum Episcopum vigore nostrarum
litterarum prædictarum desuper facta, & inde sequuta quæcunque rata & grata habentes, approbare, confirmare ac omnes & singulos defectus, qui interuenerunt in eisdem supplere ac aliàs in præmissis & circa ea vobis de opportuno remedio prouidere de benigni-
tate Apostolica dignaremur. Nos igitur vestris in hac parte supplicationibus inclinati donationem, concessionem, ordinationem,
constitutionem, remissionem, relaxationem, indulta, gratias &
Litteras prædicti Archiepiscopi, omniáque & singula in eis contenta, nostras alias ac dicti Archiepiscopi Litteras, ac approbationem,
confirmationem & defectuum suppletionem per prædictum Goffredum Episcopum factas, ac processus desuper habitos, & inde sequuta
quæcunque, omniáque & singula, quæ in prædictis nostris & præno-
minati Archiepiscopi Litteris & processibus & Instrumentis publi-
cis desuper habitis contenta pro sufficienter expressis, si de verbo
ad verbum præsentibus insererentur, ratáque & grata habentes, authoritate Apostolica, ac ex certa nostra scientia laudamus, approbamus & confirmamus, ac præsentis scripti patrocinio communimus
supplemúsque omnes & singulos defectus, qui interuenerunt in eis-

dem. Decernentes *noſtras prædictas Litteras ac proceſſus deſuper habitos & inde ſequuta quæcunque valere ac roboris firmitatem tenere, proinde ac ſi omnia & ſingula vobis per prædictum Pirrhum Archiepiſcopum conceſſa, & ipſius Archiepiſcopi litteris contenta in ſæpe nominatis noſtris litteris ſpecialiter & ſingulariter narrata & expreſſa fuiſſent. Et inſuper vos & veſtrum quemlibet ac Heremitorii ſiue Eccleſiam S. Franciſci de Paula prædictum, cæteráque omnia & ſingula Heremitoria, Eccleſiis & loca per vos in quibuſcunque ciuitatibus & Diœceſibus ac vbilibet hactenus recepta & in poſterum recipienda cum omnibus iuribus & pertinentiis ſuis, Heremitáſque & perſonas in illis pro tempore degentes, ac res & bona quæcunque mobilia & immobilia, ad vos & Heremitas & perſonas, ac veſtrum quælibet, ac loca, Heremitoria, & Eccleſias, huiuſmodi quomodolibet communiter vel diuiſim ſpectantia & pertinentia, ab omni iuriſdictione, dominio, poteſtate, viſitatione, correctione, & ſuperioritate prædicti ac pro tempore exiſtentis Archiepiſcopi Cunſentinenſis & aliorum Archiepiſcoporum, Epiſcoporum, Ordinariorum, Iudicum, & ſuperiorum quorumcunque etiam illorum, in quorum iuriſdictione, Ciuitatibus, & Diœceſibus, Heremitoria, loca, Eccleſiæ, vos & Heremitæ, ac perſonæ, res, & bona huiuſmodi conſiſtunt, & conſiſtere poterunt quomodolibet in futurum authoritate & ſcientia prædictis de ſpeciali gratia, tenore præſentium prorſus eximimus, & totaliter etiam liberamus, ac ſub B. Petri & Sedis memoratæ ac Romanæ Eccleſiæ & noſtra protectione ſuſcipimus ac exempta, & immunia eſſe volumus, nobiſque & ſucceſſoribus noſtris Romanis Pontificibus canonicè intrantibus, ac dictæ Sedi immediatè ſubiacere. Itaque Archiepiſcopi, Epiſcopi, Ordinarij, Iudices ſupradicti ratione delicti ſeu contractus aut rei de qua ageretur, vbicunque committatur delictum vel ineatur contractus, aut res ipſa conſiſtat, nullam in vobis, ac Heremitoriis, locis, & Eccleſiis, Heremitis, & perſonis huiuſmodi ac rebus & bonis prædictis iuriſdictionem, poteſtatem & dominium poſsint quomodolibet exercere, ſed duntaxat coram dicta Sede, vel eius Legatis vos & Heremitæ ac aliæ perſonæ in locis, Eccleſiis, & Heremitoriis huiuſmodi pro tempore degentes teneamini de iuſtitia reſpondere. Et inſuper vobis omnibus & Heremitis ac perſonis, locis Eccleſiis ac Heremitoriis huiuſmodi, vt omnibus & ſingulis priuilegiis, indulgentijs, conceſsionibus, gratis indultis, cæteriſque omnibus & ſingulis in præſentibus & aliis noſtris & ipſius Cunſentinenſis Archiepiſcopi litteris ſæpe dictis, ac per eas habitis proceſsibus præ-*

dictis contentis, vobis ac Heremitoriis, Ecclesiis, & locis huiusmodi concessis & concedendis in quacunque ciuitate & Dioecesi, ac vbique & in quocunque loco, authoritate Apostolica praedicta vti & gaudere, eaque omnia & singula in huiusmodi nostris, ac alijs de praefati Archiepiscopi praenominatis litteris & processibus desuper habitis contenta, cuiusuis superioris super his aut aliqua praemissorum licentia minimè requisita ac quibuscunque etiam contradictionibus, exceptionibus & impedimentis remotis praedicta authoritate Apostolica liberè & licite exercere possitis & valeatis. Quae etiam omnia & singula in praesentibus & alijs nostris ac dicti Archiepiscopi litteris saepe dictis & processibus desuper habitis contenta, authoritate & scientia praedicta de specialis dono gratiae concedimus & indulgemus per praesentes, foelicis recordationis Innocentij Papae IV. praedecessoris nostri contra exemptos quae incipit, Volentes, & qualibet alia constitutione Apostolica non obstante. Decernimus quoque ex nunc omnes & singulas excommunicationum, suspensionum & interdicti aliásque Ecclesiasticas sententias, censuras & poenas ac processus, quos & quas contra vos & Heremitas ac personas, Ecclesias, Heremitoria, & loca huiusmodi & vestrum quemlibet promulgari contigerit, vel haberi, irritas & irritos, & inanes ac nullius existere firmitatis vel momenti. Nulli ergo omnino hominum liceat hanc nostram paginam nostrae laudis, approbationis, confirmationis, communitionis, suppletionis, decreti, exemptionis, voluntatis, concessionis & indulti infringere, vel ei ausu temerario contraire. Si quis autem hoc attentare praesumpserit, indignationem omnipotentis Dei, & beatorum Petri & Pauli Apostolorum eius se nouerit incursurum. Datum Romae apud S. Petrum, anno Incarnationis Domini millesimo quadringentesimo septuagesimo quarto, sexto Kalendas Iunij, Pontificatus nostri anno tertio. Cùm autem sicut exhibita nuper pro parte vestra petitio continebat, à nonnullis de laudis, approbationis, confirmationis, communitionis, suppletionis, decreti, exemptionis, liberationis, susceptionis, volūtatis, concessionis & indulti praedictorum iuribus haesitari posset, vos ad tollendam omnem personarum haesitationem praemissa omnia & singula pro eorum subsistentia firmiori cupiatis nostrae approbationis munimine roborari. Nos vestrae congregationis ac personarum eiusdem statum prosperum & tranquillum paterno zelantes affectu, in hac parte supplicationibus inclinati, dictus & praeinsertas dicti praedecessoris litteras, ac omnia & singula in eis contenta recensentes laudem, approbationem, confirmationem, communitionem, suppletionem, decretum, exceptionem, liberationem, susceptionem, voluntatem, concessionem, & indulta huiusmodi ac prout illa concernunt omnia & singula in iisdem litteris contenta & narrata, authoritate Apostolica, ex certa nostra scientia, tenore praesentium de nouo confirmamus, approbamus & praesentis scripti patrocinio communimus. Necnon omnes & singulos defectus, si qui forsan in eisdem concessionibus, donationibus, gratiis, & indultis, ac in praedecessoris praeinsertis ac Archiepiscopi praedictorum litteris huiusmodi contentis, quae aliàs praesentibus haberi volumus pro expressis, quomodolibet interuenerint, authoritate & scientia similibus supplemus. Et nihilominus vniuersis & singulis Archiepiscopis, Episcopis, Abbatibus, & Prioribus, Praepositis, Decanis, Archidiaconis, Cantoribus, Subcantoribus, aliísque personis in dignitate Ecclesiastica constitutis ac Canonicis Ecclesiarum Cathedralium committimus & mandamus, quatenus ipsi, plures vel duo, aut vnus eorum per se vel alium, seu alios praesentes litteras nostras vbi & quando, quoties expediens fuerit & pro parte vestra aut alicuius vestrûm fuerint requisiti desuper hoc, solemniter publicantes, vobísque in praemissis opportunae defensionis praesidio assistentes, non permittant vos, aut aliquem vestrûm, seu loca & bona vestra contra praesentium & praedictarum dicti praedecessoris litterarum tenorem quomodolibet molestari, molestatores & contradictores quoslibet & rebelles per censuram Ecclesiasticam & alia iuris remedia compescendo. Non obstantibus conditionibus & ordinationibus Apostolicis, necnon omnibus illis quae praedictus praedecessor in suis litteris praeinsertis voluit non obstare, contrarijs quibuscunque, aut si aliquibus communiter vel diuisim à Sede praedicta indultum existat, quod interdici, suspendi, vel excommunicari non possint per litteras Apostolicas non facientes plenam & expressam ac de verbo ad verbum de indulto huiusmodi mentionem. Caeterum quia difficile esset praesentes litteras ad quaecunque loca in quibus illae forent necessariae, transferri, volumus & authoritate nostra decernimus, quod earum transumptis, manu Notarij publici subscriptis & sigillo alicuius Archiepiscopi, vel Episcopi, vel alterius Praelati munitis, prorsus in iudicio & extra, fides plenaria adhibeatur, & illis stetur in omnibus & per omnia sicut Originalibus adhiberetur, & eis stetur si forent exhibitae vel ostensae. Et insuper ex nunc irritum decernimus & inane, si secus super his à quoquam, quauis authoritate scienter vel ignoranter contigerit attentari, praesentibus, perpetuis, futuris temporibus dura-

turis. Nulli ergo omnino hominum liceat hanc paginam nostræ con-
firmationis, approbationis, communitionis, suppletionis, voluntatis,
concessionis, indulti, & decreti infringere, vel ei ausu temerario con-
traire. Si quis autem hoc attentare præsumpserit, indignationem om-
nipotentis Dei ac beatorum Petri & Pauli Apostolorum se nouerit
incursurum. Datum Romæ apud S. Petrum, anno Incarnationis Do-
minicæ millesimo quadringentesimo octuagesimo, quinto-decimo Ka-
lendas Aprilis, Pontificatus nostri anno secundo.

Auons de noftre propre mouuement, grace fpeciale, pleine puiffance & authorité Royale donné & octroyé, donnons
& octroyons congé, licence, faculté, & permiffion de faire
publier & manifefter à fon de trompe & cry public, & autrement deuëment lefdites graces, priuileges, octrois & indult
Apoftoliques cy-deffus tranfcrites. Voulons & nous plaift
qu'ils puiffent achepter, prendre & accepter lieux & places
en noftredit Royaume, & autres nos pays & Seigneuries, &
en iceux faire conftruire & edifier Conuents & Monafteres
dudit Ordre, en enfuiuant le contenu en leurfdits priuileges
& graces, & iouyffent de tout le contenu & effect d'iceux felon leur forme & teneur. Et lefquels Religieux enfemble
leurs Conuents, biens & chofes quelconques nous auons pris
& mis, prenons & mettons en & fous noftre protection &
fauuegarde fpecial. Et outre de noftre plus ample grace &
octroy les auons affrãchis, quittez & exẽptez, affranchiffons,
quittons & exemptons de tous peages, couftumes, gabelles,
fubfides de guet, garde de portes, & autres fubuentions quelconques, enfemble leurs fucceffeurs efdits Conuents qui à
prefent & pour l'auenir feront en noftredit Royaume, par
ces prefentes fignées de noftre main en rapportant feulement recognoiffance defdits Religieux ou d'aucun leur Procureur, lequel voulons feruir d'acquit par tout où il appartiendra, fans dorefnauant y eftre aucunement contraincts ne
contribuables en quelque maniere ne pour quelque caufe
ou occafion que ce foit. Si donnons en mandement par ces
mefmes prefentes à nos amez & feaux Confeillers les gens
de Cour de Parlement, de nos Comptes, Threforiers de
France, Generaux Confeillers fur le faict & gouuernement
de nos Finances, au Preuoft de Paris & à tous nos Baillifs,
Senefchaux, Preuofts, Iuges, & autres nos Iufticiers ou Officiers

ciers ou à leurs Lieutenans ou Commis prefens & aduenir , &
à chacun d'eux, que de nos prefens octrois , congé, licence &
permiſſion , ſauue garde & de tout le contenu en cefdites lettres , Bulles, Priuileges Apoſtoliques deſſus tranſcrites , enſemble defdits affranchiſſemens & exemptions vous faittes,
ſouffrez & laiſſez leſdits Religieux & Freres Minimes &
leurs ſucceſſeurs iouyr & vſer pleinement & paiſiblemēt ſans
aucun contredit ou empeſchement, lequel ſi faict, mis, ou dō-
né leur eſtoit, ils oſtent & façent oſter & remettre au premier
eſtat & deu. En contraignant à ce faire, ſouffrir & obeyr tous
ceux qu'il appartiendra , & auec ce faſſent crier & publier à
ſon de trompe & cry public leſdits priuileges, franchiſes, graces & libertez deſſuſdits , és lieux où l'on a accouſtumé faire
cry & proclamations, quand requis en ſeront. Et pour ce que
de ces preſentes on pourra auoir beſoin en pluſieurs & diuers
lieux, nous voulons que au Vidimus d'icelles faict ſous ſeel
Royal, foy ſoit adiouſtée comme à l'original. Et afin que ſoit
choſe ferme & ſtable à touſiours , nous auons fait mettre noſtre ſeel à ceſdites preſentes , ſauf en autres choſes noſtre
droit , & l'autruy en toutes. Donné à Blois au mois de Decē-
bre l'an de grace 1500. de noſtre regne le troiſieſme. Signé,
Louis. Par le Roy, Le ſieur de Sandricourt , & autres preſens,
Gedoyn. *Viſa duplicata.*

FRANÇOIS par la grâce de Dieu Roy de France. Sçauoir faiſons à tous preſens & à venir, que nous inclinans
à la ſupplication & requeſte de nos chers & deuots orateurs les Religieux Freres Minimes de l'Ordre S. François de
Paule, conſiderant la bonne, ſaincte, & deuote vie, ſeruices,
prieres & oraiſons eſquelles ils continuent iour & nuit enuers
Dieu noſtre createur pour la proſperité de nous & de noſtre
Royaume, deſirans auſſi enſuiure & continuer enuers eux les
graces & bienfaicts qu'ils ont obtenu de nos predeceſſeurs.
Pour ces cauſes & autres à ce nous moũuás, les permiſſions,
octrois, affranchiſſemēs, priuileges & libertez à eux octroyez,
côtenus & declarez eſdites lettres de noſdits predeceſſeurs,
auſquelles ces preſētes ſont annexées, leur auōs côfirmé, loüé,
ratifié & approuué, & par ces preſentes de noſtre certaine
ſcience, pleine puiſſance & authorité Royale loüons, confir-

1538.
L'Original
eſt au Cô-
uent du
Pleſſis lez
Tours.

C

mons, ratifions & approuuons, pour en iouyr & vfer par lefdits fupplians & leurs fucceffeurs tant & fi auant qu'ils en ont
par cy-deuant deüement & iuftement iouy & vfé, & qu'ils en
ioüyffent & vfent de prefent. Si donnons en mandement
par cefdites prefentes à nos amez Confeillers les Gens de noftre Cour de Parlement & de nos Comptes, Threforiers de
France, Baillifs, Senefchaux, & à tous autres nos Iufticiers,
& Officiers, ou à leurs Lieutenans & à chacun fur ce requis
que cefdites prefentes ils façent lire, publier & enregiftrer, &
du contenu en icelles lefdits fupplians iouyr & vfer pleinement & paifiblement, fans leur mettre ou donner, ne fouffrir
eftre fait, mis ou donné aucun trouble, deftourbier ne empefchement au contraire, lequel fi fait, mis ou donné leur
auoit efté ou eftoit, ils les mettent ou façent mettre incontinent & fans delay à pleine & entiere deliurance. Car ainfi
nous plaift il eftre fait. Et à fin que ce foit chofe ferme & ftable à toufiours, nous auons fait mettre noftre feel à cefdites
prefentes, fauf en autres chofes noftre droit, & l'autruy en
toutes. Donné à Paris au mois de Mars, l'an de grace 1538. &
de noftre regne le 25. *Vifa. Contentor. Gratis*, Guyot, Par le
Roy, Robertet. *Lecta, publicata & regiftrata, audito Procuratore
Generali Regis, hoc confentiente. Parifiis in Parlamento 28. die
Martii, anno Domini 1538. ante Pafcha.* Du Tillet. *Lecta fimiliter
& regiftrata in Camera Computorum Domini noftri Regis, audito
eiufdem Domini in præfata Camera, Procuratore, ad onus tamen quod
antequam pofsint de nouo conftrui facere Conuentum, tenebuntur tra-
dere dicto Domino Regi aut præfenti Cameræ declarationes loci &
pertinentiarum per menfuram, in quibus contendunt conftrui facere
dictum Conuentum, & non conftrui facere dictum Conuentum abf-
que expreffa permifsione dicti Domini aut prædictæ Cameræ, 29.
Aprilis anno Domini 1539.* Le Maiftre.

Extraict des Regiftres de Parlement.

CE iourd'huy veuës par la Cour les Lettres Patentes du
Roy à elle addreffantes, données à Paris en ce mois de
Mars, fignees fur le reply, Par le Roy, Robertet. Par lefquelles & pour les caufes contenues en icelles le Roy loüe, ratifie,
confirme & approune les permifsions, octrois, affranchiffe-

mens, priuileges & libertez octroyées aux Religieux Freres Minimes de l'Ordre S. François de Paule, contenuës & declarées és Lettres de ses predecesseurs annexees à sesdites Lettres Patentes pour en iouyr & vser par lesdits Religieux Freres Minimes & leurs successeurs, tant & si auant qu'ils en ont par cy-deuant deüement & iustemét iouy & vsé, & qu'ils en iouyssent & vsent de present, mandant à ladite Cour faire lire, publier & enregistrer lesdites Lettres Patentes, & du côtenu en icelles faire iouyr lesdits Freres Minimes pleinement & paisiblement. Veu aussi la requeste presentee à ladite Cour par lesdits Religieux Freres Minimes, par laquelle ils requeroient la publication & verification desdites Lettres Patentes. Veües pareillement les Bulles du Siege Apostolique contenantes les permissions, affranchissemens, octrois, priuileges & libertez octroyées ausdits Religieux Freres, & les conclusions du Procureur General du Roy, auquel le tout a esté communiqué, & ouy le rapport de certain Conseiller d'icelle Cour, auquel tant lesdites Lettres Patentes du Roy que lesdites Bulles ont esté baillées pour les voir, & en venir dire son rapport en icelle Cour. Tout consideré: ladite Cour a ordonné que lesdites Lettres Patentes du Roy donnees à Paris ce present mois de Mars, seront leües, publiees & registrees in icelle à iour d'audiance, & que sur le reply d'icelles sera mis *Lecta, publicata & registrata.* Faict en Parlement le 28. iour de Mars 1538. auant Pasques. Signé, Du Tillet.

Registrees és Registres des Requestes ordinaires de l'Hostel du Roy, ouy & ce consentant le Procureur general du Roy en icelles, pour iouyr par les impetrans de l'effect contenu en icelles. Faict à Paris esdites Requestes de l'Hostel le 5. May 1600.

HENRY par la grace de Dieu Roy de France. Sçauoir faisons à tous presens & à venir. Nous auós receu l'hüble supplication de nos chers & bien-amez Chappelains & Orateurs les Religieux, General, Prouinciaux, Correcteurs, & Freres Minimes de l'Ordre S. François de Paule, contenante que par feuz de bonne memoire nos predecesseurs Roys de France, & mesmes par feu nostre tres-cher Seigneur & Pere le Roy François dernier decedé (que Dieu absolue)

1547. L'Original de cette Patente est és Archiues du Couent de Nigeon lez Paris.

C ij

leur ont esté donnez & octroyez plusieurs beaux priuileges, franchises, & libertez, desquels (dont ils feront deuëment apparoir quand mestier sera) ils & leurs predecesseurs ont de tout temps iouy & vsé, comme font encor de present paisiblement : mais au moyen du trespas de nostre-dit feu Seigneur & Pere, lesdits supplians doutent que cy apres en la iouyssance d'iceux on les voulsist troubler & empescher, si par nous ne leur estoient confirmez, humblement requerans sur ce leur impartir nostre grace & liberalité. POVRCE est-il que nous inclinans liberalement à la supplication & requeste desdits supplians,& afin que cy-apres ils soient plus affection-nez & enclins à prier Dieu pour la prosperité & santé de nous & nostre Royaume, tous & chacuns les priuileges, franchises & libertez ausdits supplians octroyez & concedez par nosdits predecesseurs, comme dit est, auons de nostre grace especiale,plaine puissance & authorité Royalle confirmé, ratifié, & approuué, confirmons, ratifions & approuuons par ces presentes, pour par lesdits supplians & leurs successeurs iouyr & vser d'iceux tant & si auant, qu'ils & leurs predecesseurs en ont par cy-deuant deüement & iustement iouy & vsé, iouyssent & vsent de present. Si donnons en mandement par cesdites presentes à nos amez & feaux Conseillers les gens de nostre Cour de Parlement, de nos Comptes, Thresoriers de France, Generaux, Conseillers, sur le fait & gouuernement de nos Finances, au Preuost de Paris, & à tous nos Baillifs, Seneschaux, Preuosts, luges, & autres nos Iusticiers & Offi-ciers, ou à leurs Lieutenans ou Commis presens & à venir, & à chacun d'eux, que de nos presentes grace, confirmation, ratification, & approbation, ils fassent, souffrent, & laissent iouyr & vser lesdits supplians & leurs successeurs pleine-ment, paisiblement, & perpetuellement cessans, & faisans cesser tous troubles & empeschemens au contraire. Et pour ce que de ces presentes l'on pourra auoir affaire en plusieurs & diuers lieux, nous voulons qu'au vidimus d'icelles faict sous le seel Royal, foy soit adioustée comme au present original : Car tel est nostre plaisir. Et afin que ce soit chose ferme & stable à tousiours, nous auons fait mettre nostre seel à cesdites presentes,sauf en autres choses nostre droict, & l'autruy en toutes. Donné à Fontaine-bleau au mois de Feurier,

l'an de grace, 1547. & de noftre Regne le 1. Sur le reply par
le Roy, Le Picart, *Vifa. Contentor. Gratis.* & fcellées du grand
feau de cire verte, fur lacs de foye rouge & verte. Sur lequel
reply eft efcrit : *Regiftrata, audito Procuratore generali Regis. Parifiis in Parlamento 24. die Martij, anno Domini 1547. ante Pafcha.* Signé, Du Tillet.

Les gens des Comptes du Roy noftre Sire. Veües les Lettres patentes dudit Seigneur en formes de chartres données
à Fontaine-bleau au mois de Feurier dernier paffé, aufquelles
ces prefétes font attachées fous l'vn de nos fignets, impetrées
& à nous prefentées de la part des Religieux, General, Prouinciaux, Correcteurs, & Freres Minimes de l'Ordre fainct
François de Paule, par lefquelles ledit Seigneur confirme, ratifie, & approuue aufdits impetrans tous & chacuns les priuileges, franchifes & libertez à eux octroyez & concedez par
fes predeceffeurs Roys, pour en iouyr par eux & leurs fucceffeurs tant & fi auant qu'ils & leurs predeceffeurs en ont par
cy-deuant deüement & iuftement iouy & vfé, iouyffent &
vfent encore de prefent, comme plus à plein le contiennent
lefdites Lettes. Veües auffi les Lettres patentes du feu Roy
Louys XII. données à Blois, au mois de Decembre, l'an 1500.
Autres Lettres patentes du Roy dernier decedé (que Dieu
abfolue) données à Paris au mois de Mars, 1538. concernan-
tes lefdits priuileges, noftre expedition faite fur icelles le 29.
Auril 1539. auec la Requefte à nous ce iourd'huy prefentée
de par lefdits impetrans : & tout confideré, confentons l'en-
terinement, verification, & expedition defdites Lettres de
confirmation, pour iouyr par lefdits fupplians du contenu efdites Lettres defdits feuz Roys, aux charges declarées en
noftre expedition, & ainfi que deüement & iuftement iceux
fupplians en ont iouy. Donné fous nofdits fignets, le 4. iour
de May 1548. Signé, Le Maiftre.

FRANÇOIS par la grace de Dieu Roy de France, Sçauoir faifons à tous prefens & à venir. Nous auons receu
l'humble fupplication de nos chers & bien amez Chappelains & Orateurs, les Religieux, General, Prouinciaux,
Correcteurs, & Freres Minimes de l'Ordre S. François de
Paule, contenante que par feuz de bonne memoire nos pre-

1559.
L'Original
de cette
Patente eft
és Archiues
du Conuët
de Nigeon
lez Paris.

C iij

deceſſeurs Roys de France, & meſmes par noſtre tres-cher
Seigneur & Pere le Roy Henry dernier decedé (que Dieu
abſolue) leur ont eſté donnez & octroyez pluſieurs beaux
priuileges, franchiſes, & libertez, à plein contenus & declarez és Lettres de chartres dont la copie deuement collationnee à l'original eſt y attachee ſous le contreſeel de noſtre
Chancellerie, dôt ils & leurs predeceſſeurs ont de tout temps
iouy & vſé, comme font encore de preſent paiſiblement: mais
au moyen du treſpas de noſtredit feu Seigneur & Pere, leſdits
ſupplians doutent que cy-apres en la iouyſſance d'iceux on
les vouſiſt troubler & empeſcher, ſi par nous ne leur eſtoient
confirmez, humblement requerans ſur ce leur impartir nos
graces & liberalitez. Pource eſt-il que nous inclinans liberalement à la ſupplication & requeſte deſdits ſupplians, & afin
que cy-apres ils ſoient plus affectiônez & enclins à prier Dieu
pour la proſperité & ſanté de nous & noſtre Royaume, tous
& chacuns les priuileges, franchiſes & libertez, auſdits ſupplians concedez & octroyez par noſdits predeceſſeurs, comme dit eſt. Auons de noſtre grace ſpeciale, pleine puiſſance,
& authorité Royalle, confirmez, ratifiez, & approuuez, confirmons, ratifions & approuuons par ces preſentes, pour par
leſdits ſupplians & leurs ſucceſſeurs iouyr & vſer d'iceux, tant
& ſi auant qu'ils & leurs predeceſſeurs en ont par cy-deuant
deuement & iuſtement iouy & vſé, iouyſſent & vſent de preſent. Si donnons en mandement par ceſdites preſentes à nos
amez & feaux Conſeillers, les gens de noſtre Cour de Parlement, de nos Comptes, Threſoriers de France, Generaux,
Threſoriers ſur le faict & gouuernement de nos finances, au
Preuoſt de Paris, & à tous nos Baillifs, Seneſchaux, Preuoſts,
Iuges, & autres nos Iuſticiers & Officiers, ou à leurs Lieutenans & Commis preſens & à venir, & à chacun d'eux, que de
nos preſentes graces, confirmation, ratification, & approbation, ils faſſent, ſouffrent, & laiſſent iouyr & vſer leſdits ſupplians & leurs ſucceſſeurs pleinement, paiſiblement, & perpetuellement, ceſſans & faiſans ceſſer tous troubles & empeſchemens au contraire. Pource que de ces preſentes l'on
pourra auoir affaire en pluſieurs & diuers lieux, Nous voulons qu'au vidimus d'icelles fait ſous ſeel Royal; foy ſoit adiouſtee comme au preſent Original. Car tel eſt noſtre plai-

fir. Et afin que ce foit chofe ferme & ftable à toufiours, nous
auons fait mettre noftre feel à cefdites prefentes, fauf en autres chofes noftre Droict, & l'autruy en toutes. Donné à
Blois, au mois de Feurier, l'an de grace 1559. & de noftre Regne le premier. Signé, Du Mefnil. Et fur le reply, Par le Roy
Burgenfis. Vifa. Contentor, Signé, donné & feellé du grand feau
de cire verte fur lacs de foye rouge & verte.

CHARLES par la grace de Dieu Roy de France, à
tous les Baillifs, Senefchaux, Preuofts, ou leurs Lieutenans, Commiffaires, commis & à commettre à faire le de-
partement & cottization de rembourfement des biens Ecclefiaftiques, & autres nos Iufticiers & Officiers, & à chacun
d'eux, & comme à luy appartiendra, Salut. Defirans bien &
fauorablement traitter les Correcteurs, & Freres Minimes
de tous les Conuents de ce Royaume, & les defcharger de
toutes charges à eux infupportables, attendu qu'ils n'ont aucun reuenu, que quelques petits heritages qui leur ont efté
donnez, à la charge de faire le diuin feruice en leur Eglife, lefquels ils tiennent en leurs mains, & dont ils viuent auec quelques penfions & aumofnes. Pour ces caufes, & afin que nous
foyons d'autant plus participans à leurs deuotes prieres &
oraifons, auons dit & declaré, difons & declarons que noftre
vouloir & intention n'a efté, comme encore n'eft, qu'ils foient
compris en l'Edict de l'alienation du domaine des Ecclefiaftiques, ne pareillement taxez & cottifez au rembourfement
que nous auons permis faire aufdits Ecclefiaftiques par la faculté de rachapt du domaine de l'Eglife, qui a efté aliené en
vertu dudit Edict, ains les en auons exceptez & exemptez,
exceptons & exemptons par ces prefentes, fans qu'ils puiffent
eftre contraints à en payer aucune chofe. Si voulons & vous
mandons à chacun de vous, que en les faifant iouyr du contenu en cefdites prefentes vous n'ayez à les comprendre aufdits
Edicts, ne les taxer & cottifer audit rembourfement, tant
pour le regard des heritages qu'ils poffedent, que autrement
en quelque forte & maniere que ce foit, ceffans & faifans
ceffer tous troubles & empefchemens au contraire, & contraignant à ce faire & fouffrir tous ceux qu'il appartiendra, &
qui pour ce feront à contraindre, par toutes voyes & manie-

1563.

res deues & raifonnables, nonobftant oppofitions ou appellations quelconques, pour lefquelles & fans preiudice d'icelles
ne voulons eftre differé. Car tel eft noftre plaifir, nonobftant
que par ladite faculté de rachapt il foit parauanture dit que
generalement tous les Ecclefiaftiques de quelque qualité
qu'ils foient, feront compris audit remboursement, & quelconques Ordonnances, mandemens, defenfes & Lettres à ce
contraires. Et pour ce que de cefdites prefentes l'on pourra
auoir affaire en plufieurs & diuers lieux, nous voulons que au
Vidimus d'icelles, faict fous feel Royal, ou collationnées par
l'vn de nos amez & feaux Notaires & Secretaires, foy foit
adiouftée, comme à ce prefent original. Donné à Fontaine-
bleau le 16. iour de Feurier, l'an de grace 1563. & de noftre
regne le quatriefme. Signé, De par le Roy, la Royne fa mere, le Cardinal de Lorraine, & autres prefens, Bourdin, & feellées fur fimple queüe du grand feel de cire iaune.

1575.
L'Original
de cette Pa-
tente eft és
Archiues
du Côuent
de Nigeon
lez Paris.

HENRY par la grace de Dieu Roy de France & de Po-
logne, A tous prefens & à venir, Salut. Nos chers &
bien amez les Religieux, General, Prouinciaux, Correcteurs,
& Freres Minimes de l'Ordre S. François de Paule nous ont
fait entendre que par nos predeceffeurs Roys leur ont efté
donnez & octroyez plufieurs beaux priuileges, franchifes &
libertez, & mefmes de prendre, acheter & accepter places dedans noftre Royaume, & autres nos pays & Seigneuries, & en
iceux faire conftruire & edifier Conuents & Monafteres dudit Ordre. Et outre les ont & leurs fucceffeurs affranchis,
quittez, & exemptez de tous peages, paffages, couftumes, gabelles, fubfides, de guet, garde de portes, & autres fubuentions quelconques, dont ils & leurs predeceffeurs ont toufiours iouy & vfé pleinement & paifiblement, comme ils font
encores de prefent, qu'ils doutent que en la iouyffance d'i-
ceux l'on les voulfift troubler & empefcher, fi par nous ne
leur eftoient confirmez, humblement requerans fur ce leur
impartir nos graces & liberalitez. Sçauoir faifons que inclinans liberalement à leur fupplication & requefte, & à fin que
cy-apres ils foient plus affectionnez & enclins à prier Dieu
pour la profperité & fanté de nous & noftre Royaume, tous
& chacuns lefdits priuileges, franchifes & libertez aufdits
fupplians

supplians ainſi concedez & octroyez par noſdits predeceſſeurs, comme dit eſt. Auons de noſtre grace ſpeciale, pleine puiſſance & authorité Royale confirmé, ratifié, & approuué, confirmons, ratifions & approuuons par ces preſentes, pour par leſdits ſupplians & leurs ſucceſſeurs en ioüir &
vſer tant & ſi auant qu'ils & leurs ſucceſſeurs en ont par
cy deuant bien & deuëment ioüy & vſé, ioüiſſent & vſent
de preſent. Si donnons en mandement à nos amez & feaux
Conſeillers, les Gens de nos Cours de Parlement de Paris,
Thoulouze, Bordeaux, Diion, Roüen, Grenoble, Aix, Gens
de nos Comptes, Threſoriers de France, & Generaux de nos
Finances eſdits lieux, Preuoſt de Paris, & à tous nos Baillifs,
Seneſchaux, Preuoſts, Iuges, Iuſticiers, Officiers, ou leurs
Lieutenans, preſens & à venir, & à chacun d'eux, que nos
preſentes grace, confirmation, ratification & approbation,
ils facent publier & enregiſtrer en leurs regiſtres, & du contenu en icelles facent, ſouffrent, & laiſſent ioüïr & vſer leſdits ſupplians & leurs ſucceſſeurs plainement, paiſiblement,
& perpetuellement, ceſſans & faiſans ceſſer tous troubles &
empeſchemens au contraire. Et pource que de ces preſentes
l'on pourra auoir affaire en pluſieurs & diuers lieux, Nous
voulons qu'au Vidimus d'icelles fait ſous ſeel Royal foy ſoit
adiouſtée comme au vray original. Car tel eſt noſtre plaiſir.
Et afin que ce ſoit choſe ferme & ſtable à touſiours, nous
auons faict mettre à ceſdites preſentes noſtre ſeel, ſauf en autres choſes noſtre droict, & l'autruy en toutes. Donné à Paris au mois de Septembre 1575. & de noſtre Regne le 2. Sur
le reply, par le Roy, De Neufville. *Viſa, Contentor. Gratis.*
De Haumel. & ſeellées du grand ſeau de cire verte ſur lacs
de ſoye rouge & verte. Sur lequel reply eſt auſſi eſcrit. Leuës,
publiées & regiſtrées, ouy ſur ce le Procureur general du
Roy, pour en iouyr par les impetrans & leurs ſucceſſeurs,
ainſi qu'ils en ont cy-deuant bonnement, iuſtement, & rai-
ſonnablement iouy & vſé, iouyſſent & vſent de preſent. A
Paris en Parlement le 21. iour de Nouembre, 1575. Signé,
Du Tillet. Regiſtrées ſemblablement en la Chambre des
Comptes : ouy, & ce conſentant le Procureur general du
Roy, pour iouyr par les impetrans de l'effect d'icelles, ainſi
qu'ils en ont cy-deuant bien & deuëment iouy & vſé. Faict

D

le 8.iour d'Aouſt 1576. Signé, De la Fontaine. Regiſtrées
en la Cour des Aydes à Paris ſuiuant l'Arreſt d'icelle, donné
ce iourd'huy 4. de Septembre, 1576. Signé, Le Sueur. Et au
dos eſt encore eſcrit, Regiſtrées és regiſtres des Requeſtes
ordinaires de l'Hoſtel du Roy, ouy, & ce conſentant le Procureur du Roy d'icelles, pour iouïr par les impetrans de l'effect
& contenu en icelles. Faict éſdites Requeſtes de l'Hoſtel le 5.
iour de May, 1600. Signé, Roiſſy,

1594.
L'Original
de cette Pa-
tente eſt és
Archiues
du Côuent
de Nigeon
lez Paris.

HENRY par la grace de Dieu, Roy de France & de
Nauarre, à tous preſens & à venir, Salut. Nos chers &
bien-aimez les Religieux, Prouinciaux, Correcteurs & Freres Mineurs de l'Ordre ſainct François de Paule nous ont
fait remonſtrer que par nos predeceſſeurs Rois leur ont eſté
donnez & octroyez pluſieurs priuileges, franchiſes, & libertez, meſmes de prendre, achepter, accepter places dedans noſtre Royaume & autres nos pays & ſeigneuries, & en
iceux faire conſtruire & edifier Conuents & Monaſteres dudit Ordre, & outre les ont & leurs ſucceſſeurs affranchis,
quittez, & exemptez de tous peages, paſſages, couſtumes,
gabelles, ſubſides, de guet, garde de portes, & autres ſubuentions quelconques, dont ils & leurs predeceſſeurs ont touſiours iouy & vſé plainement & paiſiblement, comme ils font
encore de preſent: qu'ils doutent qu'en la iouïſſance d'iceux
l'on les vouſiſt troubler & empeſcher, ſi par nous ne leur
eſtoient confirmez, requerans humblement ſur ce leur impartir nos graces & liberalitez : Sçauoir faiſons, que inclinans liberalement à leur ſupplication & requeſte, & afin
qu'ils ſoyent plus affectionnez à prier Dieu pour la proſperité de nous & noſtre Royaume, tous & chacuns leſdits priuileges, franchiſes, & libertez auſdits ſupplians ainſi concedez
& octroyez par noſdits predeceſſeurs, comme dit eſt, auons
de noſtre grace ſpeciale, pleine puiſſance, & authorité Royalle confirmé, ratifié, & approuué, confirmons, ratifions, & approuuons par ces preſentes pour par leſdits ſupplians & leurs
ſucceſſeurs en iouyr & vſer tout ainſi qu'ils & leurs predeceſſeurs en ont bien & deuëment iouy & vſé, iouïſſent & vſent
de preſent. Si donnons en mandement à nos amez & feaux
Conſeillers, les gens de nos Cours de Parlement de Paris,

Thoulouze, Bordeaux, Dijon, Roüen, Grenoble, Aix, Gens
de nos Comptes, Threforiers de France, & Generaux de nos
Finances efdits lieux, Preuoft de Paris, & à tous nos Baillifs,
Senefchaux, Preuofts, Iuges, Iufticiers, Officiers, ou leurs
Lieutenans prefens & à venir, & à chacun d'eux que nos prefentes grace, confirmation, ratification, & approbation ils facent publier & regiftrer en leurs regiftres, & du contenu en
icelles facent, fouffrent, & laiffent iouyr & vfer lefdits fupplians & leurs fucceffeurs pleinement, paifiblement, & perpetuellement, ceffans & faifant ceffer tous troubles & empefchemens au contraire. Et pource que de ces prefentes
l'on pourra auoir affaire en diuers lieux, nous voulons qu'au
Vidimus d'icelles collationnees par l'vn de nos amez & feaux
Notaires & Secretaires, ou fait fous feel Royal, foy foit adiouftee comme au prefent Original. Car tel eft noftre plaifir. Et afin que ce foit chofe ferme & ftable à toufiours, nous
auons fait mettre à cefdites prefentes noftre feel, fauf en autres chofes noftre droict & l'autruy en toutes. Donné à Paris au mois d'Auril, l'an de grace 1594. & de noftre Regne le
5. HENRY, & fur le reply par le Roy, Forget. *Vifa Contentor. Gratis.* Le Preuoft, & feellees du grand feau de cire
verte fur lacs de foye rouge & verte. Sur lequel reply eft auffi
efcrit, Regiftree, ouy fur ce le Procureur general du Roy,
pour iouyr par les impetrans de l'effet côtenu en icelles, comme ils en ont cy-deuant bien & deuëment iouy & vfé, iouyffent & vfent encore à prefent. A Paris en Parlemêt le vnzief-
me d'Aouft, 1594. Signé, Du Tillet. Regiftree en la Chambre des Comptes, ouy, & ce confentant le Procureur general
du Roy, pour iouyr par les impetrans du contenu en icelles, felon leur forme & teneur, comme ils en ont cy-deuant iouy,
le 27. iour d'Octobre 1594. Signé, De la Fontaine. Regiftrees és regiftres du Bureau de nos Prefidens & Threforiers
generaux de France à Paris, pour iouyr par les impetrans de
l'effet de nos prefentes Lettres, comme ils ont fait cy-deuât,
& auparauant l'obtention d'icelles le 20. iour de Decembre
1594. Signé, Du Moulin, & Fourcy. Et fur le dos eft auffi efcrit: Regiftrees en la Cour des Aydes, ouy fur ce le Procureur general du Roy fuiuant l'Arreft de la Cour du iourd'huy.
A Paris le vingtfixiefme de May, 1595. Signé, Poncet. Re-

giſtrées és regiſtres des Requeſtes ordinaires de l'Hoſtel du Roy, ouy ſur ce, & ce conſentant le Procureur du Roy d'icelle, pour iouyr par les impetrans de l'effet & contenu en icelles. Fait eſdites Requeſtes de l'Hoſtel le 5. iour de May, 1600. Signé, Roiſſi.

1609.
L'Original de cette Patente eſt és Archiues du Côuent de Nigeon lez Paris.

HENRY par la grace de Dieu Roy de France & de Nauarre, A tous preſens & à venir, Salut. Nous auons receu l'humble ſupplication de nos biens amez Chapellains & Orateurs les Religieux, General, Prouinciaux, Correcteurs, & Freres Minimes de l'Ordre S. François de Paule, contenant que par feuz de bône memoire nos predeceſſeurs Roys de France, particulierement par feuz Louys XII. François I. Henry II. François II. & Henry III. noſtre tres honoré Seigneur & Frere (que Dieu abſolue) leur ont eſté donnez & octroyez pluſieurs beaux priuileges, franchiſes & libertez, entre autres de pouuoir achepter, prendre, & accepter lieux & places en noſtre Royaume, & en iceux faire baſtir, conſtruire, edifier Cônuents & Monaſteres de leur Ordre, & iouïr de tout le contenu & effect d'iceux ſelon leur forme & teneur. Et leſquels ſupplians enſemble leurs Conuents, biens & choſes quelconques noſdits predeceſſeurs auroient pris & mis ſous leur protection & ſauuegarde ſpeciale, & outre de leur plus ample grace & octroy les auroient affranchis, quittez, & exemptez de tous peages, couſtumes, gabelles, ſubſides, guet, garde de portes, & autres ſubuentions quelconques, enſemble leurs ſucceſſeurs eſdits Conuents qui eſtoient pour lors & ſeroient à l'aduenir en noſtredit Royaume, en rapportant ſeulement recognoiſſance deſdits Religieux ou de leur Procureur, lequel ſeruiroit d'acquit où il appartiendroit, ſans doreſnauauant y eſtre aucunement contraints ny contribuables en quelque maniere, ny pour quelque cauſe ou occaſion que ce ſoit, ainſi qu'il eſt plus au long porté & contenu par les Lettres Patentes obtenues par les ſupplians de noſdits predeceſſeurs, & par nous confirmées par les noſtres, données à Paris au mois d'Auril 1594. toutes verifiées tant en noſtre Cour de Parlemêt de Paris, Chambre de nos Comptes, que par les Maiſtres des Requeſtes ordinaires de noſtre Hoſtel. Suiuant leſquelles Lettres Patentes les ſupplians au-

roient touſiours iouy des priuileges y contenus, ſans y auoir
eſté inquietez ny moleſtez, & meſmes en l'annee 1516. les
Religieux & Correcteurs du Conuent des Minimes de Blaiſe
en Champagne fondé par le feu Mareſchal de Baudricourt
du viuant de feu d'heureuſe memoire S. François de Paule
fondateur & inſtituteur dudit Ordre, ayant eſté aſſignez par
deuant Maiſtre François Boucher Conſeiller & noſtre Lieutenant general du Bailliage de Sens, Commiſſaire commis
ſur le fait des frans fiefs & nouueaux acqueſts, pour bailler
par declaration ce qu'ils poſſedoient, pour lors par ſentence
dudit Lieutenant general de Sens du ſeizieſme de Septembre,1516. apres auoir pris aduis & conſeil de noſtre Lieutenant particulier au Bailliage de Chaumont, & de nos Aduocat & Procureur audit lieu, leſdits Religieux auroyent eſté
renuoyez de ladicte aſſignation ſans iour,ſans terme, & ſans
nous payer finance; dauantage en l'annee 1563. les ayás voulu comprendre en l'Edit de l'alienation du bien de l'Egliſe,
& en ce faiſant faire vendre & achepter quelques petits heritages qu'ils tiennent en leurs mains, & qui leur auoient eſté
donnez à la charge de faire l'office diuin en leurs Egliſes, &
dont ils viuent auec quelques penſions & aumoſnes, feu noſtre tres-honoré Seigneur & Frere d'heureuſe memoire
Charles IX. par ſes Lettres patentes dónees à Paris le vingt-
deuxieſme Octobre, 1563. auroit declaré que ſon intention
n'auoit iamais eſté faiſant cét Edit, & n'eſtoit pour lors ,que
les biés des ſupplians,enſemble leurs heritages fuſſent expo-
ſez en vente,en vertu duditEdit,comme eſtans exceptez ſous
ces mots,(*Ordre des Mandians*) & entant que beſoin eſt ou ſeroit,les auroit exceptez & exemptez; Neantmoins les Religieux dudit Ordre des Minimes du Conuent de noſtre ville
d'Amiens auroient eſté aſſignez par deuant les Commiſſai-
res par nous deputez ſur le fait des frans fiefs & nouueaux acqueſts pour apporter les declarations de toutes les terres,
rentes,heritages, poſſeſſions & autres biens tant nobles, que
roturiers par eux tenus & poſſedez à quelque tiltre, charge
& condition que ce ſoit, & le reuenu annuel d'iceux, con-
tracts de leurs acquiſitions, baulx à ferme deſdits biens, pour
leſdites Declarations receües eſtre enuoyees au greffe du
Threſor en noſtre ville de Paris, & procedé par noſdits

Commissaires à la taxe & liquidation desdits droicts, ainsi
que de raison. Et dautant que lesdits supplians craignent que
nosdits Commissaires les vueillent contraindre de bailler
lesdites declarations & leur faire payer quelques droicts, ce
qui leur seroit impossible, n'ayans par tous les Conuents de
leur Ordre en cettuy nostre Royaume que fort peu de reuenu, preuenant pour la pluspart des fondations faites de
quelques seruices, qui n'est presque suffisant pour l'entrete-
nement des bastimens de leursdits Conuents, & n'estoient
quelques aumosnes qui leur sont faittes par les gens de bien,
ils n'auroient moyen de subsister, ny de faire l'Office diuin,
comme ils font iour & nuict, & particulierement en leur-
dit Conuent d'Amiens, partie de l'Eglise duquel auroit esté
ruinee & demolie par le Canon, pendant le siege d'icelle, pour laquelle restablir, nous leur aurions mesme donné
quelques aumosnes : ioinct que par l'Arrest de verification
de nosdites Lettres Patentes, les priuilegez sont exceptez,
comme sont les Mendians, du nombre desquels sont les
supplians : Nous à ces causes desirans en tout & par tout fa-
uoriser les supplians à l'imitation de nos predecesseurs, qui
les ont tant affectionnez pour leur pieté & bonne vie, & leur
ont donné de si beaux & amples priuileges & exemptions,
afin d'auoir plus de moyé de vacquer à l'Office diuin, & exer-
cer leurs fonctions spirituelles, eu esgard à leur qualité de
Mendians, & qu'ils ont ia esté renuoyez de pareille assignation : Auons declaré & declarons par ces presentes signees de
nostre main, que nostre intention n'a esté & n'est encore de
present que les supplians soyent compris en nosdites Lettres
Patentes donnees du deuxiesme iour d'Auril dernier 1609.
cy attachees sous le contreseel de nostre Chancellerie, comme estans exceptez sous le nom de Mendians, & entant que
besoin est ou seroit, les en auons de nostre certaine grace
speciale, plaine puissance & authorité Royale exceptez &
exemptez, exceptons & exemptons par ces presentes, sans
qu'il soit loisible à quelque personne que ce soit, ores & à
l'aduenir de les faire appeller pour tels & semblables droits,
en baillant toutesfois par eux declaration du reuenu qu'ils
ont en chacun de leurs Conuents de nostre Royaume, pour
la confection de nostre Terrier : Voulans au surplus que ce

qu'ils ont & poſſedent à preſent, enſemble ce qu'ils poſſe-
deront cy apres ſans aucune choſe reſeruer, ils le tiennent
comme admorty & dedié à Dieu & à ſon Egliſe, & leur ad-
mortiſſons par ces preſentes, ſans que les ſupplians ne leurs
ſucceſſeurs ſoient ou puiſſent eſtre contraints à l'aduenir de
les mettre & vuider hors leurs mains, & ſans eſtre tenus nous
payer, ne à nos ſucceſſeurs aucune finance ou indemnité
pour ledit admortiſſement : Laquelle finance telle qu'elle
ſoit, & à telle ſomme qu'elle ſe puiſſe monter, nous auons
donnee & aumoſnee, donnons & aumoſnons auſdits ſupplians, nonobſtant que la valeur & eſtimation de ladite finance ne ſoit icy ſpecifiee ny declaree, & que deſcharge n'en
ſoit leuee de noſtre Treſor, ſans s'arreſter à nos Ordonnances tant anciennes que modernes, ſur le faict, ordre & diſtri-
bution de nos finances, ſtatuts & conſtitutions de noſtre
Royaume, par leſquels aucuns Monaſteres, Conuents, Communautez, & autres gens de main morte ne peuuent tenir
ny poſſeder aucuns heritages s'ils ne leur ſont par nous ad-
mortis : & quelques autres Ordonnances, reſtrictions, mandemens ou defenſes à ce contraires, auſquelles enſemble à
la derogatoire de la derogatoire y contenuë, nous auons
derogé & deſrogeons pour ce regard, à la charge que les
ſupplians continuëront de plus en plus leurs prieres pour noſtre conſeruation, de la Royne noſtre tres chere eſpouſe, &
de nos enfans. Si donnons en mandemens à nos amez &
feaux Conſeillers les gens tenans noſtre Cour de Parlement
à Paris, Chabre de nos Comptes, & autres nos Iuſticiers
qu'il appartiendra, que chacun d'eux en droit ſoy ſur ce requis, ces preſentes ils facent regiſtrer & du contenu en icelles iouyr & vſer plainement, paiſiblement & perpetuellement leſdits ſupplians en general & en particulier, ceſſant
& faiſant ceſſer tous troubles & empeſchemens à ce contraires : Car tel eſt noſtre plaiſir : ſauf en autres choſes noſtre
droict & l'autruy en toutes. Et afin que ce ſoit choſe ferme
& ſtable à touſiours, nous auons fait mettre noſtre ſeel à ceſdites preſentes, deſquelles d'autant que l'on pourra auoir affaire en diuers lieux, Nous voulons qu'au Vidimus d'icelles,
ſous Seel Royal, ou coppie deuëment collationnee par l'vn
de nos amez & feaux Notaires & Secretaires, foy ſoit ad-

iouftée comme au prefent Original. Donné à Paris au mois d'Octobre, l'an de grace 1609. & de noftre regne le 21. HENRY, & fur le reply, Par le Roy, Bruflart. *Vifa. Contentor.* Signé Combaud: & feellees du grand Sceau de cire verte, fur lacs de foye rouge & verte. Sur lequel reply eft auffi efcrit, Regiftrées, ouy le Procureur general du Roy, pour iouïr par les impetrans de l'effet & contenu. A Paris en Parlement le 13. Mars l'an 1610. figné du Tillet. Regiftrées femblablement en la Chambre des Comptes, ouy le Procureur general du Roy, pour iouïr par les impetrans de leur effet & contenu, fuiuant l'Arreft de ce fait le 27. iour de Mars 1610. Signé Bourlon: & au dos *Regiftrata.*

Enfuit l'Arreft de la Cour de verification defdites Lettres Patentes.

Extraict des Regiftres de Parlement.

VEv par la Cour les Lettres Patentes du Roy, données à Paris au mois d'Octobre dernier, fignées HENRY, Par le Roy, Bruflart, & feellées du grand Seel de cire verte en lacs de foye rouge & verte : par lefquelles pour les caufes y contenues, ledit Seigneur declare n'auoir entendu & n'entendre les Religieux, General, Prouinciaux, Correcteurs, & Freres Minimes de l'Ordre fainct François de Paule, eftre aucunement compris és Lettres Patentes du deuxiefme Auril dernier, cy attachées, comme eftans exceptez fous le nom des Mendians, & entant que befoin feroit les en a exemptez & exempte, fans qu'il foit loifible à quelque perfonne que ce foit, ores & à l'aduenir, de les faire appeller pour tels & femblables droits, en baillant toutesfois par eux les declarations du reuenu qu'ils ont en chacun de leurs Conuents de ce Royaume, pour la confection de fon Terrier, voulant au furplus que ce qu'ils ont & poffedent à prefent enfemble, ce qu'ils poffederont cy apres, fans aucune chofe referuer, ils le tiennent comme admorty & dedié à Dieu & à fon Eglife, fans qu'ils ne leurs fucceffeurs foient ou puiffent eftre contraints à l'aduenir de les mettre & vuider hors leurs mains, & fans qu'ils foient tenus payer aucune finance ou indemnité

nité pour ledit admortissement; laquelle finance il leur dõne, comme plus amplement le côtiennent lesdites Lettres. Requestes presentees à ladite Cour par lesdits General, Prouinciaux, Correcteurs, & Religieux Minimes de l'Ordre S. François de Paule, tendãt afin d'entretenemẽt & verification desd. Lettres, les Lettres & pieces attachees sous le côtreseel d'icelles, Conclusions du Procureur general duRoy: & tout côlideré, ladite Cour a ordonné & ordonne que lesd. Lettres seront registrées és Registres d'icelle, ouy le Procureur general du Roy, pour iouïr par les impetrans de l'effet & contenu en icelles. Fait en Parlement le 13. Mars 1610. Signé du Tillet.

Ensuit l'Arrest de verification desdites Lettres en la Chambre des Comptes.

VEv par la Chambre les Lettres Patentes du Roy donnees à Paris, en Octobre 1609. signees HENRY, & sur le reply, Par le Roy, Bruslart, & seellees sur lacs de soye, obtenuës par les Chappelains, & Orateurs les Religieux. General, Prouinciaux, Correcteurs & Freres Minimes de l'Ordre S. François de Paule, par lesquelles & pour les causes y contenuës, sa Maiesté declare que son intention n'a esté & n'est encores de present qu'ils soient aucunemẽt compris en ses Lettres Patentes du 2. Auril 1609. comme exceptez sous le nõ de Mendians, & entãt que besoin seroit, les en a exceptez & exẽptez, sans qu'il soit loisible à quelque personne que ce soit de les faire appeller pour tels droits, en baillant declaration du reuenu qu'ils ont en chacun de leurs Conuents de ce Royaume, pour la confection de son Terrier : & veut que ce qu'ils ont & possedent & qu'ils possederont cy-apres, sans aucune chose reseruer, ils le tiennẽt comme admorty & dedié à Dieu & à son Eglise, & leur admortist, sans qu'ils puissent estre contraints en vuider leurs mains, ny payer aucune finãce ou indemnité, ainsi que plus au long le contiennent lesdites Lettres, Veu aussi leurs precedentes Lettres d'admortissement verifiees en ladite Chambre le 8. d'Aoust 1576. & autres precedents leurs priuileges y attachez, l'Arrest de la Cour de Parlement du 13 de ce present mois. Requeste presentee par lesdits impetrants, à fin de verification desdites Lettres.

E

Conclufions du Procureur general du Roy: Tout confideré,
La Chambre a ordonné & ordonne lefdites Lettres eftre Regiftrees és Regiftres d'icelle, pour iouyr par les impetrans de
l'effect & contenu en icelles, felon leur forme & teneur. Fait
ce 27. Mars 1610. Extraict des Regiftres de la Chambre des
Comptes. Signé, Bourlon.

1611.
L'Original
de cette Pa-
tente eft és
Archiues
du Côuent
de Nigeon
lez Paris.

LOVIS par la grace de Dieu Roy de France & de Nauarre, A tous prefens & aduenir, Salut. Nos chers &
bien amez Orateurs les Religieux, General, Prouinciaux,
Correcteurs, & Freres Minimes de l'Ordre Sainct François
de Paule, Nous ont fait remonftrer que par nos predeceffeurs
Roys, mefme par feu noftre tres-honoré Seigneur & Pere
(que Dieu abfolue) leur ont efté donnez & octroyez plufieurs
beaux priuileges, franchifes & libertez, mefmes de prendre,
achepter, & accepter places dedans noftre Royaume, & autres
nos pays & feigneuries, & en iceux faire baftir, conftruire &
edifier Conuents & Monafteres dudit Ordre: Et outre les ont
& leurs fucceffeurs prefens & à venir, affranchis, quittez &
exemptez de tous peages, paffages, couftumes, gabelles, fubfides, guet, garde de portes, & autres fubuentions quelconques, dont ils & leurs predeceffeurs ont toufiours iouy & vfé
plainement & paifiblement, comme en font encore de prefent, & d'abondant noftre tres-honoré Seigneur & Pere, par
fes Lettres Patentes donnees à Paris en Octobre 1609. verif-
fiees tant par noftre Cour de Parlement à Paris, Chambre de
nos Comptes, que par les Treforiers generaux de nos finances, les auroit exemptez des frâcs fiefs & nouueaux acquefts,
& doubtent qu'en la iouyffance d'iceux l'on les voulfift troubler & empefcher, fi par nous ne leur eftoient confirmez, requerans humblement fur ce leur impartir nos graces & liberalitez: Sçauoir faifons que à l'imitation de nofdits predeceffeurs, fondateurs, protecteurs, & gardes dudit Ordre des Minimes, auquel auons finguliere confiance, grand amour & feruente deuotion, inclinans à leur fupplication & requefte, & à
fin qu'ils foient plus affectiónez à côtinuer leurs prieres pour
la profperité de nous, de noftre tres chere Dame & mere, &
pour l'eftat de noftre Royaume. Pour ces caufes apres auoir
fait voir en noftre Confeil tous iceux priuileges & chartes,
Auons de noftre grace fpeciale, pleine puiffance & autorité

Royale, tous & chacuns lefdits priuileges, franchifes, libertez & exemptions defdits francs fiefs, aufdits fupplians ainfi concedez & octroyez par nofdits predeceffeurs, confirmé, ratifié & approuué, confirmôs, ratifiôs & approuuons, & entant que befoin eft ou feroit, voulons & nous plaift qu'ils en iouïffent pleinement, paifiblemêt & perpetuellemêt, ainfi qu'ils en ont cy-deuant bien & deuëment iouy & vfé, iouyffent & vfent de prefent, en rapportant feulemêt recognoiffance defdits Religieux, ou d'aucun leur Procureur, lequel voulons feruir d'acquit par tout où il appartiendra, fans dorefnauât y eftre aucunement contraints ny contribuables en quelque maniere, ou pour quelque caufe que ce foit, fuiuant & conformémêt à ces prefentes fignees de noftre main, comme eftás tous les Conuents & Ordre defdits Religieux Minimes du nombre & qualité de la fondation de nofdits predeceffeurs & de nous, & en cette confideration voulons qu'ils iouyffent de tous les mefmes priuileges, franchifes, & libertez concedez aux autres Eglifes, Monafteres & Communautez de fondations Royales cy-deuant faites par nofdits predecefeurs & par nous fans aucun contredict, & lefquels Religieux enfemble leurs Conuents, domeftiques, & feruiteurs, biens, poffeffions, & chofes quelconques auons pris, prenons et mettons en & fous noftre protection & fauuegarde fpeciale par cefdites prefentes. Si donnons en mandement à nos amez & feaux Confeillers les Gens tenans nos Cours de Parlement de Paris, Thouloufe, Bordeaux, Diion, Roüen, Grenoble, Aix, Rennes, Gens de nos Comptes, Cours des Aydes, Threforiers de France, & Generaux de nos Finances efdits lieux, Preuoft de Paris, & à tous nos Baillifs, Senefchaux, Preuofts, Iuges, Iufticiers, Officiers, ou leurs Lieutenans prefens & à venir, & à chacun d'eux que nos prefentes graces, confirmation, ratification, & approbation ils faffent publier & regiftrer en leurs regiftres, & du côtenu en icelles faffent, fouffrent & laiffent iouyr & vfer lefdits fupplians & leurs fuccefeurs plainement, paifiblemeat & perpetuellement, ceffant & faifant ceffer tous troubles & empefchemens au contraire. Pour ce que de ces prefentes l'on pourra auoir affire en diuers lieux, nous voulons qu'au Vidimus faict fous feel Royal ou copies collationnees d'icelles par l'vn de nos amez &

feaux Notaires & Secretaires, foy foit adiouftee, comme au prefent Original. Car tel eft noftre plaifir. Et afin que ce foit chofe ferme & ftable à toufiours, nous auons fait mettre à cefdites prefentes, noftre feel , fauf en autres chofes noftre droit, & l'autruy en toutes. Donné à Paris au mois de Feurier l'an de grace 1611. & de noftre regne le premier, Louis. Et fur le reply, Par le Roy, & la Royne regente fa mere prefente, Brulart. Vifa. Contentor. Pour Dieu. Signé, Defportes, & feellees du grand fceau de cire verte fur lacs de foye rouge & verte. Sur lequel reply eft efcrit : Regiftrees, ouy le Procureur general du Roy, pour iouyr par les impetrans de l'effet & contenu en icelles. A Paris en Parlement le 20. iour de May 1611. Signé, Du Tillet. Regiftrees femblablement en la Châbre des Comptes, ouy le Procureur General du Roy, pour iouyr par les impetrans de l'effet & contenu en icelles, felon leu forme & teneur, ainfi qu'ils en ont cy-deuant bien & deuëment iouy & vfé, iouyffent & vfent encores de prefent, le 16. Iuillet. 1611. Signé, Bourlon, Regiftrees en la Cour des Aydes, ouy le Procureur general du Roy, pour iouyr par les impetrans de l'effet & contenu , ainfi qu'ils en ont cy-deuant bien & deuëment iouy & vfé, iouïffent & vfent encores de prefent. A Paris le 6. Septembre 1611. Signé, Bernard. Regiftrees é Regiftres des Requeftes ordinaires de l'Hoftel du Roy, pour iouyr par les impetrâs de l'effet & contenu en icelles. Fait à Paris efdites Requeftes de l'Hoftel le 26. Septembre 1611. Signé, Roiffey. Regiftrees au bureau des Finances, à Paris, pour iouyr par les impetrans de l'effet & contenu en icelles felon leur forme & teneur, ainfi qu'ils en ont cy-deuant bien & deuëment iouy & vfé, & iouyffent encore à prefent. Fait au Bureau defdites Finances le 12. iour de Septembre 1611. Signé, De Gaulmont, & Almeras, & fur le dos, Signé, Peiret.

1623. L'Original de cette Patente eft és Archiues du Couent de Nigeon lez Paris.

LOVIS par la grace de Dieu Roy de France & de Nauerre. A tous ceux qui ces prefentes Lettres verront, Salut. Nos chers & bien amez orateurs les Religieux, General Prouinciaux Correcteurs & Freres. Minimes de l'Ordre S. François de Paule nous ont fait humblement remonftrer, que par nos predeceffeurs Roys d'heureufe memoire, & fpecialement les feuz Roys Louys XII. François I. Henry II.

François II. Henry III. & Henry I V. noftre tres honoré
Seigneur & Pere (que Dieu abfolue) leur auroit efté donné
& octroyé plufieurs beaux droicts, priuileges & libertez , &
entre autres de pouuoir achepter, prendre & accepter places en noftre Royaume & autres nos pays, & Seigneuries, &
en iceux faire baftir, conftruire , & edifier Conuents & Monafteres de leur Ordre, & en outre de leur plus grande grace & faueur fpeciale les auroient eux, & leurs fucceffeurs affranchis, quittez & exemptez de tous peages, paffages, couftumes, gabelles, fubfides, guet, & gardes de portes, & autres fubuentions quelconques, en rapportant feulement recognoiffance defdits Religieux ou de leur Procureur, laquelle feruiroit d'acquit par tout où il appartiendra , fans y
eftre dorefnauant contraincts ny contribuables en quelque
maniere, ny pour quelque caufe ou occafion que ce foit, ainfi qu'il eft plus à plein contenu par les Lettres Patentes pour
ce à eux accordees, cy attachees fous noftre contrefcel auec
nos Lettres de confirmation auffi à eux accordees du mois
de Feburier 1611. Toutes verifiees par tout où il a efté befoin.
Defquels droits, priuileges, & exemptions eux & leurs predeceffeurs ont toufiours bien & deuëment iouy & vfé pleinement & paifiblement, fans aucun empefchement ou diffi-
culté finon qu'il feroit aduenu depuis peu que les Religieux
dudit Ordre des Conuents de Nigeon & Paris ayans voulu
faire voicturer par eauë de la ville d'Auxerre audit lieu de
Paris certaine quantité de vins par eux acheptez pour leur
prouifion audit Auxerre, on les auroit voulu contraindre
tant en noftredite ville d'Auxerre qu'en nos villes de Sens
& Montereau de payer certains droits de peages & d'im-
pofts pour chacun muid de vin à eux appartenant & paffant
par lefdits lieux, pretendans entre autres les Maire & Efche-
uins de noftredite ville de Sens, que par les Lettres Patentes
d'octroy du droict par eux pretendu, il eft dit que toutes perfonnes y feroient contraintes, exempts & non exempts, priuilegiez & non priuilegiez. Ce qui eft toutesfois contre la
teneur des priuileges deffufdits octroyez aufdits expofans
qui n'admettent referue ny exception d'aucun droit de pea-
ge, ou d'impoft tel qu'il foit, ce qui les contrainct pour les
redimer du trouble deffufdit, & à l'aduenir d'autres femblar

bles qui leur pourroient eſtre faits en la iouyſſance de leurſ-
dits priuileges de recourir à nous, pour leur eſtre ſur ce pour-
ueu de nos Lettres de declar.neceſſaires.A ces cauſes de l'aduis de noſtre Cóſeil nous auons dit & declaré, diſons & declarons, voulós & nous plaiſt, que leſd. expoſans iouyſſent pleinement & paiſiblemẽt de tous les ſuſdits priuileges, frãchiſes
& libertez à eux accordees par nos predeceſſeurs Roys, & par
nous cófirmees, meſmes de l'exẽption deſd. droits de peages,
paſſages, ſubſides, & impoſts tels qu'ils ſoient, tant pour le vin
que pour toutes autres ſortes de denrees qu'ils voudront faire
conduire en leurs Cóuents eſtans en noſtredit Royaume, pays
& terres de noſtre obeyſſáce, pour l'vſage & neceſſité des Cóuents dudit Ordre, ſans y pouuoir en aucune façon ny pour
quelque cauſe ou occaſió que ce ſoit eſtre troublez ny inquietez, & dót entant que beſoin eſt ou ſeroit, nous les auós d'abó-
dant & en cóſequence des ſuſd. Lettres Patentes à eux accordees tant par noſd. predeceſſeurs Rois que par nous, affrãchis,
quittez, & exẽptez, affranchiſſons, quittós & exẽptons par ces
preſentes, nonobſtant quelcóques Edits & autres Lettres à ce
contraires, meſmes celles qui cóprennent les exempts & non
exẽpts, priuilegiez, & non priuilegiez, auſquelles & à la déro-
gatoire des dérogatoires y cótenuës nous auós dérogé & dé-
rogeons par ceſdites preſentes. Si donnons en mandement à
nos amez & feaux Conſeillers, les Gens de nos Comptes à Paris, Cour des Aydes, Threſoriers de France, & Generaux de
nos Finances audit lieu, & autres nos Iuſticiers qu'il appartiẽ-
dra, que nos preſentes Lettres de declaration ils facent publier & regiſtrer en leurs Regiſtres, & du contenu en icelles ils
façent, ſouffrẽt & laiſſent iouyr leſdits ſuppliãs & leurs ſucceſſeurs plainement, & paiſiblemẽt & à touſiours, ceſſans & faiſans ceſſer tous troubles & empeſchemens au contraire. Et
pour ce que de ces preſentes on pourra auoir affaire en diuers
lieux, nous voulós qu'au Vidimus d'icelles collatióné par l'vn
de nos amez & feaux Conſeillers, Notaires, & Secretaires, ou
fait ſous ſeel Royal, foy ſoit adiouſtee comme au preſent Original. Cal tel eſt noſtre plaiſir, en teſmoin dequoy nous auós
fait mettre noſtre ſeel à ceſdites preſentes donnees à Paris le
23. Decẽbre, l'an de grace 1623. & de noſtregne le 14. LOVIS.
Veu au Conſeil, ſigné, Duret. Et ſur le repliy, Par le Roy, De

Lomenie,& fellee en queuë du grand fceau de cire iaune. Sur
lequel reply eft efcrit.Regiftrees en la Cambre des Comptes,
ouy le Procureur general duRoy,pour iouyr par les impetrás
de l'effect & contenu en icelles, felon leur forme & teneur,
ainfi qu'ils en ont cy-deuát bien & deuëmêt iouy & vfé,iouyf-
fent & vfent encores à prefent, fuiuant l'Arreft de ce. Fait le
22.Feburier 1624. Signé,Gobelin,Regiftrees en la Cour des
Aydes,ouy le Procureur general du Roy, pour iouyr par les
impetrans de l'effect & contenu, ainfi qu'ils ont cy-deuant
bien & deuëment iouy & vfé,iouyffent & vfent encor de prefent, fuiuant l'Arreft du iourd'huy.A Paris le 26.Mars 1624.
Signé,Paulmier.Regiftrees au Bureau des Finances de laGe-
neralité de Paris,pour iouïr par les impetrans de l'effet & có-
tenu en icelles,felon leur forme & teneur, ainfi qu'ils en ont
cy-deuant bien & deuëment iouy & vfé, iouyffent & vfent
encores de prefent.Fait au Bureau defdites Fináces le 1.Auril
1624.Signé,Hotmans,Debugnons,& Veillart.

LOVIS par la grace de Dieu Roy de France & deNauar-
re.A nos amez & feaux les Prefidens & Threforiers de
France,Generaux de nos Finances eftablis à Rouen, Salut.
Nos chers,bien amez & deuots Orateurs les Peres Minimes
de noftre ville de Dieppe nous ont fait remonftrer qu'ils ont
eu aduis que par arreft de noftre Confeil d'Eftat du 23. iour
d'Auril dernier paffé,& Lettres Patentes fur iceluy, nous a-
uons fur la Requefte à nous prefentee par M. Pierre Hanin
Preftre Curé de la Paroiffe de S.Remy delad. ville deDiep-
pe,ordonné qu'il fera leué en neuf annees confecutiues la
fomme de vingt fept mille liures fur tous & chacuns les habitans & Paroiffiens de ladite Paroiffe, pour eftre les deniers
deftinez & employez aux ouurages & cóftructiós d'vne nou-
uelle Eglife & Paroiffe,au lieu de l'ancienne dicte S. Remy
qui a efté ruinee & demolie autrefois. Et pource que par ledit Arreft & Lettres d'afsiete fur iceluy nous auons ordonné
que ladite fomme de vingt fept mil liures feroit impofee &
leuee fur tous & chacuns les Paroifsiens, habitans & autres
exempts & non exemps, priuilegez non priuilegez, lefdits
Peres Minimes craignent que lefdits habitans, Affeeurs &
Collecteurs les veuillent comprendre dans les roolles dreffez
pour ladite leuee encore que cela foit du tout contraire, &

qu’ils ayent toutefois esté exempts cõme les autres Religieux
Mendians de pareilles leuees & impositions. C’est pourquoy
ils nous ont supplié & requis vous vouloir sur ce declarer nostre volõté. A ces causes apres qu’il nous est apparu de ce que
dit est par lesdits Arrests & Lettre d’assiete du 23. d’Auril, ensemble de vostre attache & ordonn. sur icelle du 18. Iuin ensuiuant, & les copies cy attachees sous nostre cõtreseel, Nous
auons dit & declaré, disons & declarons par ces presentes,
qu’encore que par nostredit Arrest & Lettre d’assiete du 23.
Auril, nous ayons ordõné que la leuee desdits vingt sept mil
liu. & les frais d’icelle seroit estendue sur les exépts & priuilegez, aussi bien que sur les autres habitans de ladite Parroisse,
neantmoins nostre intention n’a point esté que les Religieux
Mendians, & particulierement lesdits Minimes en fussent tenus, ny pour cét effet ils fussent par vous ny par les Esleus
d’Arques, Asseeurs & Collecteurs assis & employez esdits
roolles: Voulons & nous plaist que s’ils y auoiét esté taxez &
impotez par mesgarde ou autremét, ils en soient ainsi par vous
ou par lesdits Esleus rayez & biffez, mesmes les deniers desdites taxes si aucuns ils auoiét ià baillez par contrainte, leur
estre rédus & restituez par les mesmes voyes & rigueurs qu’ils
y auront esté forcez, les ayans à ceste fin cõme les autres Religieux Mendians de nostre Royaume deschargez & dispen-
sez, comme par ces presentes de nostre grace speciale, pleine
puissance & authorité Royale, nous les deschargeons & dis-
pensons, entãt qu’il en pourroit estre de besoin, de semblables
leuees. Si vous mandons que lesdites presentes vous faciez re-
gistrer, & du contenu en icelles iouyr & vser lesdits Religieux
Minimes, nonobstant oppositions, ou appellations quelsconques, & sans preiudice d’icelles, desquelles si aucunes inter-
uiennent nous auons retenu & reserué à nous & à nostre Cõ-
seil la cognoissance. Car tel est nostre plaisir. Dõné à Fontaine-bleau le 4. de Septembre l’an de grace 1625. & de nostre
regne le 16. Ainsi signé, Par le Roy en son Conseil. Le Nor-
mand, & seellés de cire iaune.

Extraict des Registres du Conseil d’Estat.

ENtre Maistre Simon Preuost, Fermier des traittes foraines d’Aniou, demandeur suiuant l’Arrest du Conseil
du

du 12. Mars 1631 exploict libellé du 13. May en suiuant d'v-
ne part, & les Correcteurs & Religieux du conuent des Minimes de Nantes, defendeurs d'autre. Veu par le Roy en son
Conseil, copie dudit Arrest dudit Conseil donné sur la Requeste dudit Preuost ledit iour 12. Mars 1631. par lequel entre autres choses, sa Maiesté a euoqué à elle & à sondit
Conseil tous les procés meus & à mouuoir, tant pour exemptions & priuileges pretendus, que pour le reglement de la
perception desdits droicts, & l'interpretation des causes &
conditions du Bail dudit Preuost, & defenses aux Parle-
ments de Paris, Bretagne, & Cour des Aydes dudit Paris, &
à tous Iuges d'en cognoistre. Ledit extraict du 13. May audit an portant assignation audit Conseil, ausdits defendeurs
pour se voir condamner payer audit Preuost ou à son Commis les droits de traittes, imposition foraine, reapreciation
d'icelles, & du trespas de Loyre, impositions d'Aniou, Beau-
mont & Toüars, & autres droicts deus pour les vins & autres marchandises qu'ils ont faict & feront mener cy-apres
du pays d'Aniou ou autres lieux dependans de ladite ferme,
audit Nantes, ou autres lieux dudit pays de Bretagne, suiuant
les ordonnances, pancartes, & bail general desdits droicts à
luy faits audit Conseil le 27. Nouembre 1627. nonobstãt leurs
pretendus priuileges & sentence prouisoire par eux obtenue
des Iuges desdites traittes à Angers le 23. Nouembre 1630.
Copie collationnée des Bulles du Pape cõfirmees par Lettres
patentes de plusieurs Rois de France, cõtenant les permissiõs,
octrois, & affrãchissemens, priuileges, libertez exẽptions accordees aux Religieux de S. François de l'aule, lesdites Lettres des mois de Decembre 1500. Mars 1538. Feurier 1547.
Ianuier 1559. Septembre 1575. Auril 1594. Octobre 1609.
& Feurier 1611. auec les Arrests de verification & enregistre-
ment d'icelles. Copie d'autres lettres de confirmation desdits
priuileges & declaration, par lesquelles entre autres choses sa
Maiesté entend que lesdits Religieux ioüissent de tous les
susdits priuileges, franchises, libertez, & exemptions, mesmes des peages, passages, subsides, & imposts tels qu'ils
soyent tant pour le vin que pour toutes autres sortes de denrees qu'ils voudront faire passer & conduire en leurs Con-
uẽts, & par lesdites Lettres sont exempts & affranchis, non-

F

obstant quelsconques Edits & autres Lettres à ce contraires,
mesmes celles qui comprênent les exempts & non exempts,
priuilegiez & non priuilegiez, ausquelles sa Maiesté a derogé. Lesdites Lettres du 23. Decembre, 1623. auec les Arrests
de verification d'icelles, Arrest dudit Conseil du 30. Decembre audit an rendu sur la Requeste de Iean Girard precedent
Fermier desdites traittes & droicts. Autre Arrest dudit Conseil rendu entre ledit Girard d'vne part, & lesdits Religieux
Minimes, Religieux, Prieur & Côuent des Freres Prescheurs
de l'Ordre S. Dominique des villes de Laual & Nâtes, & Cor-
deliers desdites villes du 8. Auril 1625. Autre Arrest dudit
Conseil entre ledit Girard, & les Religieuses Mendiânes re-
formées de Nostre Dame du Mont Carmel au Conuent de
Nazareth lez Vannes des 17. Iuin 1626. Iugement rendu entre lesdits Religieux Minimes de Nantes demâdeurs, & Maistre Iean Rauenel Fermier de la Preuosté dudit lieu defendeur, par les Iuges Presidiaux dudit Nantes du 18. Decembre
1627. Coppie imprimée dudit bail desdits droicts de traittes
& impositions foraines, & autres droicts y mentionnez, fait
par sa Maiesté en sondit Conseil audit Preuost le 4. Feurier,
1628. pour huit années, par le troisiesme article duquel est
porté qu'aucun ne se pourra pretendre exempt, ny priuilegié
du payement desdits droits, fors & excepté les Hospitaux, &
quatre Mendians pour leurs prouisions, dont il sera faict reglement au Conseil. Ladite sentence donnee par lesdits Mai-
stres des ports à Angers donnee entre lesdites parties, par laquelle entre autres choses il est permis ausdits Religieux de
faire passer le vin & huile dont estoit question par les Tabliers
de ladite traitte en leur maison à Nantes, à la charge de rap-
porter certificat de la descente desdites prouisions en leur
maison, dans quatre sepmaines, & de la despence dans huict
mois: ce qui sera executé nonobstant oppositions ou appellations quelconques par prouision en baillant caution. Lettres
de desertion d'appel obtenuës par lesdits defendeurs le 4. Ianuier 1631. Exploict d'assignation donnée en vertu d'icelles à
leur Requeste audit Preuost en la Cour des Aydes à Paris le
17. ensuiuant, & Arrest d'aduenir pour playder en ladite Cour
obtenu contre ledit Preuost le 19. Feurier audit an. Requeste
presentee au Conseil par les Religieux, General, Prouinciaux,

Correcteurs & Freres Minimes de l'Ordre S. François de
Paule le 30. Decembre, 1632. à ce qu'en iugeant la presente in-
ftâce, il pleuft à fa Maiefté faire defenfes audit Preuoft & tous
autres Fermiers des traittes & impofitions foraines, & autres
fubfides, de les contraindre payer aucune chofe pour tout ce
qui leur appartiendra & à leurs Conuents, & de les troubler
en aucune maniere en la iouyffance de leurfdits priuileges qui
font partie de leurfdits Conuents, & enioindre aux Iuges des
lieux d'y tenir la main, nonobstant les claufes appofées aux
baux defdits Fermiers. Sur laquelle Requefte auroit efté dit
en iugeant & mife au fac fans retardation fignifié le 31. dudit
mois, inuentaires, efcritures, & productions defdites parties, &
tout ce qui a efté par elles refpectiuement efcrit & produit par
deuers le Commiffaire à ce deputé, ouy fon rapport, & tout
confideré, Le Roy en fon Confeil a declaré & declare lefdits
Religieux Minimes du Conuent de Nantes exempts de
payer aucuns droicts de traittes, impofitions foraines, reap-
preciations, trefpas de Loyre, & autres droicts pour les vins,
huiles, & autres prouifions qu'ils feront venir du pays d'Aniou, ou autres lieux dependans de ladite ferme audit Nantes, auec defenfes au fermier de les contraindre au payement defdits droits, à peine de tous defpens, dommages &
interefts, Ordonne fa Maiefté que le Religieux qui fera
commis pour faire les prouifions dudit Conuent, prendra
certificat du Iuge du lieu du nombre des Religieux refidents
actuellement audit Conuent, pour fuiuant ledit nombre faire paffer par chacun an deux pippes de vin & fix-vingts liures
d'huile pour chaque Religieux, & autres prouifions necef-
faires, fans defpens entre les parties. Faict au Confeil d'Eftat
du Roy tenu à Paris le 10. iour de Mars, 1633. Collationné.
Signé Cornuel.

Extraict des Regiftres de la Cour des Aydes.

ENTRE Maiftre Antoine de la Foffe fermier general des
neuf liures dix-huit fols pour chacun tonneau de vin en-
trant en la Prouince de Picardie, appellant d'vne ordonnance appofée au bas de la Requefte par les inthimez prefentée
aux Efleus d'Amiens le 13. Decembre 1631. & defendeur

1633.
L'Original
eft au
Conuent
d'Amiens.

d'vne part : & les Religieux , Correcteur & Conuent des Peres Minimes de ladite ville inthimez , & demandeur en Requeste du 19. iour de Mars dernier tendante à fin d'euoca-
tion du principal, & à ce que lesdits inthimez soient mainte-
nus & gardez en la iouyssance des priuileges & exemptions
à eux accordez & en consequence que les cautions qu'ils
ont esté contraint de donner és annees dernieres fussent
deschargez purement & simplement d'autre : apres que de
Villiers Aduocat pour l'appellant, Gorillon Aduocat pour
les inthimez ont dit auoir communiqué de la cause au Par-
quet des gens du Roy, & estre demeurez d'accord de l'appointement retiré par l'vn d'eux , qu'ils supplient la Cour de
prononcer , & que le Bossu pour le Procureur general du
Roy a dit auoir veu les anciennes concessions & exemptions
accordees par les Roys de France aux Religieux de S. François de Paule, qui sont les inthimez, ensemble les lettres de
confirmation du Roy à present regnant bien & deuëment
verifiees : c'est pourquoy ayant estimé l'appointement rai-
sonnable : La Cour a mis & met l'appellation au neant, ordonne que ce dont a esté appellé, sortira son effet, a euocqué
& euocque le principal different des parties , y faisant droict
a maintenu & gardé les intimez en la possession & iouyssance de leurs priuileges, fait defenses à l'appellant & tous autres
de les y troubler à l'aduenir, & en consequence ordonne que
les cautions , si aucunes ont esté donnees, demeurcront des-
chargees, & sans despens, sans que les qualitez puissent pre-
iudicier. Fait à Paris en ladite Cour des Aydes, & receu de
l'ordonnance d'icelle le 22. iour d'Auril, 1633. Collationné.
Signé Boucher.

Collationné aux Originaux par moy Conseiller, Secretaire du Roy,
Maison & Couronne de France, & de ses Finances.

1643.
L'Original
est au Cõ-
uent de
Nigeon.

LOVIS PAR LA GRACE DE DIEV ROY DE FRANCE ET DE NAVARRE, A tous presens & à venir. SALVT, Nous auons receu l'humble supplication de nos chers & bien amez Chapelains & deuots Orateurs les Religieux, General, Prouinciaux, Correcteurs & Freres Minimes de l'Ordre de S. François de Paule : Contenant que les Roys nos Predecesseurs leur ont accordé plusieurs beaux & amples Priuileges & Exēptions, confirmez de Regne en Regne : Mesmes par le feu Roy nostre tres-honoré Seigneur & Pere ; Entre autres par ses Lettres Patentes en forme de Chartes du mois de Feburier mil six cens vnze, & autres interuenus en consequence ; Registrees où besoin a esté. Mais par ce qu'ils pourroient estre troublez en la iouyssance desdits Priuileges, sans auoir nos Lettres de confirmation d'iceux : Ils nous ont tres-humblement supplié les leur vouloir octroyer. A CES CAVSES, Sçauoir faisons ; que veulans à l'imitation de nosdits predecesseurs Roys, Fondateurs, Protecteurs & Gardes dudit Ordre, conseruer & maintenir iceluy en sa splendeur, & donner moyen ausdits Religieux de continuer les Prieres qu'ils font pour la conseruation de nostre Personne & de nostre Estat : NOVS de nostre grace speciale & authorité Royalle, AVONS de l'aduis de la Royne Regente nostre tres honoree Dame & Mere, Confirmé & cõfirmons par ces presentes Signees de nostre main, Tous & chacuns les Priuileges, Exemptions, Franchises & immunitez cy-deuant concedez ausdits Exposans : Pour en iouyr par eux & leurs successeurs, tout ainsi qu'ils en ont cy-deuant bien & deuëment iouy & vsé, iouyssent & vsent encore de present, encores qu'ils ne soient cy particulierement declarez ; comme estans tous les Conuents & Ordres desdits Minimes du nombre & qualité de la Fondation de nosdits Predecesseurs & de Nous ; Et en cette consideration, Voulons qu'ils iouyssent de tous les mesmes Priuileges & Franchises & libertez concedez aux autres Eglises Monasteres & Communautez de Fondation Royale, &

F iij

aux Mandians de noſtre bonne ville de Paris : Les a
cette fin, enſemble leurs Conuents, domeſtiques & ſeruiteurs
biens poſſeſſions, & choſes quelconques, pris & mis, prenons
& mettons en noſtre protection & ſauuegarde par ceſdites
preſentes. Si DONNONS EN MANDEMENT à nos
amez & feaux Conſeillers les Gens tenans nos Cours de Parlement à Paris, Thoulouze, Bordeaux, Roüen, Diion, Grenoble, Aix, Rennes, Pau & Mets, Gens de nos Comptes,
Cours des Aydes & Finances, Preſidents & Treſoriers de
France & Generaux de nos Finances en chacune Generalité,
Baillifs, Seneſchaux Preuoſts ou leurs Lieutenãs, & à tous nos
autres Officiers chacun endroit ſoy, ainſi qu'il appartiendra;
Que nos preſentes Lettres de confirmation ils faſſent Regiſtrer & du contenu en icelles, iouyr & vſer leſdits Expoſans &
leurs ſucceſſeurs plainement, paiſiblement & perpetuellement, ſans ſouffrir qu'il leur ſoit faict, mis ou donné aucun
trouble ny empeſchement au contraire ; Nonobſtant tous
Edicts, Declarations, Arreſts & Reglements, tant anciens
que modernes, Auſquels nous auõs pour ce regard ſeulemét,
& ſans tirer à conſequence, derogé & derogeons par ceſdites
preſentes: Et dautant que d'icelles leſdits Expoſans ont affaire
en diuers lieux, Nous voulõs qu'aux Coppies collatiõnees par
l'vn de nos amez & feaux Conſeillers & Secretaires foy ſoit
adiouſtée comme au preſent Original : CAR TEL EST
NOSTRE PLAISIR. Et afin que ce ſoit choſe ferme &
ſtable à touſiours, Nous auõs fait mettre noſtre Seel à ceſdites preſentes. DONNEES à Paris au mois de Septembre, l'an de
grace mil ſix cens quarante-trois, Et de noſtre Regne le Premier, LOVIS. & ſur le reply, Par le Roy, la Royne Regente
ſa Mere preſente, Plus bas, PHELIPPEAVX, à coſté viſa. Et
ſcellée du grand Sceau de cire verte ſur lacs de ſoye rouge &
verte.

Sur lequel reply eſt encor eſcrit, Regiſtrées, Ouy le Procureur General du Roy, Pour iouyr par les Impetrans & leurs
ſucceſſeurs de l'effect & contenu en icelles ; Comme ils en
ont bien & deuëment iouy & vſé, iouyſſent & vſent à preſent.
A Paris en Parlement le vingt quatrieſme Nouembre mil
ſix cens quarantetrois.

Signé, DV TILLET.

(Duplicata) Regiſtrées en la Chambre des Comptes ouy le Procureur general du Roy, pour iouyr par les impetrans de l'effeͨt ℭ
contenu en icelles ſelon leur forme ℭ teneur, ainſi qu'ils en ont cy-
deuant bien ℭ deüement iouy ℭ Vſé, iouyſſent ℭ Vſent de preſent le dix-ſeptieſme iour de Feurier mil ſix cens quarante quatre,

Signé BOVRLON.

Regiſtrées en la Cour des Aydes, Ouy le Procureur General du
Roy, Pour iouyr par les Impetrans de l'effeͨt y contenu, tout ainſi
qu'ils en ont cy-deuant bien ℭ deüement iouy ℭ Vſé, iouyſſent ℭ
Vſent encores de preſent, Suiuant l'Arreſt du iourd'huy donné à
Paris en ladite Cour des Aydes, le dix-huiͨtieſme iour de Decem-
bre mil ſix cens quarante-trois.

Signé, BOVCHER.

Enregiſtrée au Greffe des Requeſtes Ordinaires de l'Hoſtel du
Roy, ſuiuant le Iugement du 21. Iuin 1644. pour iouyr par les impetrans de l'effeͨt ℭ contenu en icelles.

Signé, FLOVST.

Regiſtrées au Bureau des Finances de la generalité de Paris du
conſentement du Procureur du Roy, pour iouyr par les impetrans de
l'effeͨt y contenu, comme ils en ont cy-deuant bien ℭ deuement
iouy ℭ Vſé, iouyſſent ℭ Vſent à preſent le 19. Aouſt 1644.
Signé Rebret, Ridel, ℭ de Voroquier, Plus bas, par Meſdits
Sieurs.

Signé, SENCER.

Regiſtrées au Greffe de la Chambre du treſor pour iouyr par les
impetrans de l'effeͨt ℭ contenu en icelles, ℭ y auoir par eux re-
cours quand beſoin ſera ℭ ce ſuiuant la ſentence de ce iourd'huy
dixhuiͨtieſme Iuillet 1644,

Signé, LVCE,

Collationné aux originaux par moy Conſeiller & Secretaire du Roy
Maiſon & Couronne de France & de ſes Finances.